눈물
없는
뜨개

Knitting without Tears

KNITTING WITHOUT TEARS
by Elizabeth Zimmermann
Copyright © 1971 by Elizabeth Zimmermann

All rights reserved.
This Korean edition was published by WILLCOMPANY in 2022 by arrangement with the original publisher, Simon & Schuster, Inc. through KCC(Korea Copyright Center Inc.), Seoul.

이 책의 한국어판 저작권은 (주)한국저작권센터(KCC)를 통해
저작권자와 독점 계약한 윌컴퍼니가 소유합니다.
저작권법에 의하여 한국 내에서 보호를 받는 저작물이므로
무단전재와 무단복제를 금합니다.

눈물
없는
뜨개

누구에게나
맞는 옷을 뜨는
기본적인 기법과
쉬운 지침

엘리자베스 짐머만

서라미 옮김
한미란 감수

WILLSTYLE

차례

감수의 글 6

옮긴이의 글 10

1장 소신 있는 뜨개인 19

2장 게이지 : 반드시 읽을 것 95

3장 배색 스키 스웨터 101

4장 심리스 스웨터 125

5장 그 밖의 뜨개거리 153

6장 스웨터 세탁하기 203

참고문헌 211

감수의 글

나는 뜨개를 가르치는 사람이다. 그중에서도 톱다운 앤 심리스 니팅Topdown & Seamless Knitting 과정을 주로 강의한다. 톱다운 앤 심리스 니팅이란 앞·뒤 몸판과 소매가 이어진 채로 목선에서 부터 밑단으로 떠 내려가는 뜨개 기법을 말한다. 나의 강의는 항상 엘리자베스 짐머만 여사를 소개하는 것으로 시작된다.

뜨개샵을 오픈한 지 얼마 되지 않았던 어느 해 겨울. 미국에 살다 잠시 한국에 다니러 왔다는 어르신이 매장을 방문하셨다. 그분이 뜨고 계시던 빨간색 원피스는 아직도 잊히지 않는다. 손녀를 위한 옷이었는데 앞판과 뒤판이 이어진 채로 뜨고 계셨다. 원통으로 뜨는 옷을 본 것은 그때가 처음이었다. 무식하면 용감하다고 했던가. "아이 옷은 괜찮은데 어른 옷은 그렇게 뜨시면 안 돼요. 시접이 없으면 잘 늘어나고 한 방향으로만 뜨니까 틀어지기 쉬워요"라며 아는 체를 했다. 그때 그분이 어떤 대답을 하셨는지는 기억나지 않는다. 속으로 웃지 않았을까? 톱다운 앤 심리스로 뜬 뜨개옷과의 첫 만남은 그렇게 강한 인상만을 남기고 꽤 오랜 시간 기억에서 사라졌다.

언제부터인지 영문 뜨개 도안을 들고 방문하시는 분들이 많아지기 시작했다. 그중에는 시접이 없이 톱다운으로 뜨는 디자인들이 많았다. 그 당시 한국에 있는 뜨개 관련 자료는 대부분이 일본에서 온 것들이라 톱다운이나 심리스 니팅에 관한 정보가 거의 없었다. 그때부터 여러 영문 뜨개 도안들을 분석하고, 톱다운에 관련된 책들을 찾아 모으기 시작했다. 가장 큰 도움을 받았던 책은 엘리자베스 짐머만과 바버라 워커 여사의 책이었다. (바버라 워커는 엘리자베스 짐머만과 함께 톱다운 앤 심리스 니팅의 기초를 세운 분이다.) 짐머만 여사는 나의 제1의 뜨개 선생님이 되었다.

나는 종종 그녀를 큰 사람이라고 부른다. 뜨개를 잘하는 사람은 많고 많다. 그중에서도 특별히 그녀를 큰 사람이라고 부르는 것은, 그녀가 알고 있는 모든 것을 기꺼이 함께 나누고자 했기 때문이다. 그녀의 책은 쓰여진 지 반백 년이 지난 지금도 뜨개를 공부하는 사람들이 찾아보는 귀한 책이다. 도안에는 잘 나와 있지 않은 그러나 뜨개를 하는 사람이라면 꼭 알고 있어야 할 것들을, 그리고 그녀만의 독특한 기술을 아낌없이 가르쳐주고 있다. 옆에서 이야기를 해주는 것 같은 다정한 문체, 함께 나누는 기쁨, 멋진 작품을 완성하는 행복감, 뜨개에 대한 애정이 책을 통해 고스란히 전해진다.

그녀의 책은 한 번 읽고 책장의 장식품으로 전락하는 그런 책이 아니다. 한 번 읽고 다 이해할 수 있는 책은 더더욱 아니다. 오래도록 옆에 두고, 보고 또 보고 책 속의 내용이 온전히 내 것이 될 때까지 반복해서 봐야 할 책이다. 아는 만큼 보인다고, 여러분의 뜨개 실력이 향상될 때마다 책 속에서 매번 새로운 가치를 발견하는 기쁨을 느낄 수 있을 것이다. 내가 그녀의 책을 볼 때마다 그랬던 것처럼. 시간과 공간을 거슬러 나는 오늘도 그녀를 만난다.

내 맘에 드는 도안을 누군가 만들어 주기를 바라며 이 도안 저 도안을 찾아 헤매는 뜨개인을 꽤 자주 만나게 된다. 친절한 서술형 도안은 뜨는 사람을 노예로 만드는 능력이 있는 것 같다. 그런 이들에게 짐머만 여사의 책은 어떤 면에서 보면 불친절한 도안일 수도 있다. 도안 속의 불친절한 부분을 스스로 해결해 나갈 때 비로소 스스로 자기 뜨개의 주인이 될 수 있다. 짐머만 여사는 책 속에서 항상 스스로 자기 뜨개의 주인이 되라고 말한다. 다음은 이 책에서 내가 가장 좋아하는, 내가 그녀를 존경할 수밖에 없는 큰 사람의 뜨개 철학이 담긴 말이다.

"마음 가는 대로 만들어라. 도안은 그저 가이드일 뿐이니 스스로 디자이너가 되어라. 여러분의 스웨터는 오로지 여러분이 가장 좋아하는, 개성 있는 레시피로 만들어져야 한다. 누구의 것과도 비슷하지 않게. 모든 좋은 것들이 그런 것처럼."

짐머만 여사의 책이 번역된다는 소식을 듣고 진심으로 반가웠다. 나를 포함해 뜨개를 사랑하는 한국의 많은 뜨개인들이 보다 쉽게 그리고 깊이 있게 그녀의 뜨개 세계를 이해할 수 있는 기회를 갖게 되어 기쁘다. 앞으로 더 많은 그녀의 책을 한국어로 만나 볼 수 있기를 기대해본다.

Knitclass 한미란

옮긴이의 글

출간된 지 50년이 지난 책이 여전히 읽힌다는 건 무슨 의미일까. <눈물 없는 뜨개>는 1971년에 미국에서 출간된 뜨개 책이다. 도안이 안내하는 그대로 뜨는 방식이 주를 이루었던 70년대 미국의 뜨개 문화 속에서 짐머만은 뜨개인 한 명 한 명이 모두 장인임을 강조했다. 이를 가장 잘 보여주는 말이 "나는 내 뜨개의 진정한 보스다I am truly boss of my knitting."이다. 짐머만에게 뜨개는 삶을 대하는 태도를 세상에 드러내는 방법이었다. "위안"이자 "영감"이자 "모험"이었다.

뜨개에 관한 짐머만의 시각은 여성의 자율성과 섬유 예술에 관한 관심이 높아지던 당시 미국의 분위기와 맞아떨어지면서 주목을 받았다. 이후 짐머만은 네 권의 책을 더 출간했고, TV 프로그램에 출연해 대중에게 뜨개를 가르쳤으며, 뜨개 워크숍과 뜨개 캠프를 열어 수시로 뜨개인들과 만났다. 지금도 미국의 많은 뜨개인이 <눈물 없는 뜨개>를 뜨개인의 필독서로 꼽고 이 책에 실린 오래된 도안을 뜬다.

뜨개계의 거장, 뜨개계의 대모. 짐머만을 부르는 수식어는 이렇게나 웅대하지만 정작 그는 자신의 뜨개 지침을 "pithy direction(간결하고 함축적인 지시)"라고 불렀다. 실제로 그의 도안은 요즘 도안과 비교하면 대단히 짧고 몹시 함축적이며 독해에 상당한 주의가 필요하지만, 원리와 핵심으로 직진한다. 이 점에 대해서는 시대적인 배경을 봐야 한다고 뜨개 연구가이자 유튜버인 록산느 리처드슨은 말한다. <눈물 없는 뜨개>가 출간됐을 때만 해도 자신의 신체 치수에 맞는 옷을 뜨는 방법을 알려주는 지침이 전무했으므로 이 도안이 몹시 유용했으며, 지금도 짐머만 스타일의 간결한 도안에 매력을 느끼는 뜨개인이 있다고.

시간이 흘러 우리는 2020년대를 살고, 지금은 교재라 불러도 좋을 만큼 상세한 도안을 구하는 일이 어렵지 않다. 번역하는 내내 마음 졸였던 이유는 그래서다. 이 단순한 도안을 지금의 뜨개인이 난관 없이 뜰 수 있을까? 번역자가 원문에 얼마만큼 목소리를 더할 수 있을지 편집자와 고민한 끝에, 이 책은 오로지 짐머만의 목소리를 전달하는 쪽에 집중해야 한다는 데에 의견이 모였고, 그 결과 최소한의 옮긴이 주를 각주로 표기한 지금의 형태에 이르렀다. 한편으로 궁금했다. 쉽지 않은 도안임에도 짐머만이 여전히 사랑받는 이유는 무엇일까. 번역을 마친 지금, 그 답을 찾았느냐고 묻는다면 나는 이렇게 말하고 싶다. 짐머만은 뜨개인의 언어로 뜨개를 말한 사람이라고. 그 언어 덕분에 짐머만의 뜨개 철학은 이토록 오랜 세월 뜨개인에게 전해지고 있다고.

"철학이 원래 그렇듯 내 뜨개 철학도 몇 마디로 표현하기는 어렵다. 뜨개의 주요 목적은 즐거움과 만족감이다. 거기에 절약과 창의성, 산업이라는 외관, 그리고 무엇보다 풍부한 기지resourcefulness가 따라가야 한다. 핵심은 아마도 풍부한 기지일 것이다."

'풍부한 기지'를 입말로 바꾼다면 '센스' 정도가 되지 않을까. 짐머만은 안뜨기와 꿰매기를 피하려고 센스를 발휘해 심리스라는 새로운 방식을 고안해 냈고, 역시 센스를 발휘해 심리스 스웨터의 겨드랑이 부분에 잇기라는 방식을 추가했다. 앞선 뜨개인들이 시행착오를 바탕으로 켜켜이

쌓아온 센스 위에서 우리는 지금의 뜨개를 즐긴다. 그런 점에서 뜨개의 역사는 센스의 역사다. 이 책에 담긴 짐머만의 뜨개 철학이 많은 뜨개인에게 닿기를 바란다. 뜨개에서 센스를 발휘할 여지가 보다 많아지기를, 그것이 우리를 소비자에 그치지 않고 창작자가 되게 하기를 바란다. 이 책의 번역에 도움을 주신 한미란 선생님과 록산느 리처드슨, 메그 스완슨 님과 컬리 스완슨 님께 마음 깊이 감사드린다.

서라미

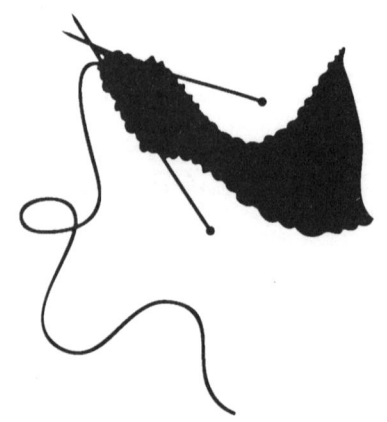

사랑하고 존경하는

바버라 애비와 바버라 워커에게

이 책을 바칩니다.

이 책에 등장하는 영문 약어

K : 겉뜨기

P : 안뜨기

SL : 걸러뜨기

K2tog : 두 코 모아 겉뜨기

P2tog : 두 코 모아 안뜨기

turn : 편물 뒤집기

M1 : 한 코 늘리기

SSK : 겉뜨기 방향으로 바늘을 넣어 두 코를 각각 걸러뜨기 한 뒤, 왼쪽 바늘을 두 코 앞쪽에 찔러 넣어 겉뜨기

SKP : 한 코를 겉뜨기 방향으로 걸러뜨고 다음 코를 겉뜨기 한 뒤, 걸러뜬 코로 덮어씌우기

PSSO : 걸러뜬 코로 덮어씌우기

일러두기

- 시접 없이 이어서 뜨는 기법을 심리스seamless라고 부른다. 목선부터 뜨는 방식을 톱다운top-down 심리스, 밑단부터 뜨는 방식을 보텀업bottom-up 심리스라고 부르는데, 대중적으로는 톱다운 심리스 기법이 알려져 있다. 하지만 이 책에서 소개하는 심리스 기법은 모두 보텀업 방식이다. 따라서 뜨는 방향이 아닌, 시접이 없다는 특성에 방점을 찍은 심리스라는 원문의 표현을 그대로 살렸다.
- 원문의 inch는 이해를 돕기 위해 cm로 변환하여 괄호 안에 병기했다.
- 미국식 바늘 호수는 mm로 변환했다.
- 추가 정보나 동영상을 검색하고자 하는 독자를 위해 영어를 병기한 부분이 있다.

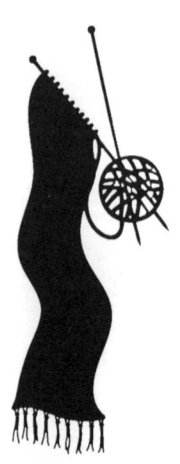

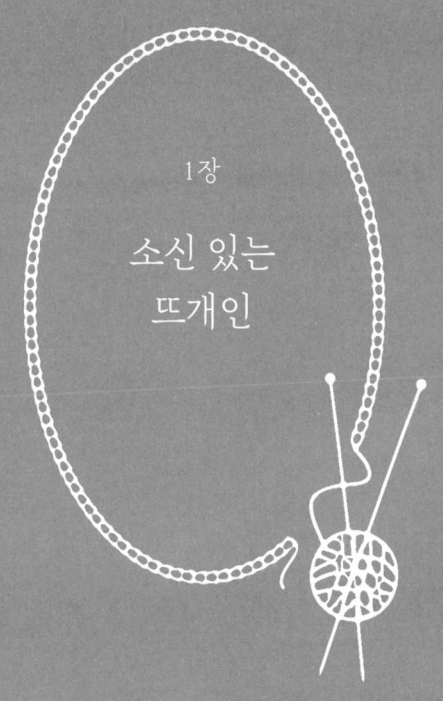

1장

소신 있는
뜨개인

Knitting

그 앞에 서면 사로잡히고 마는 것이 누구에게나 하나씩 있다. 내게는 뜨개가 그렇다.

　파이 굽기나 피아노 연주, 골동품 난로 수집이 취미인 사람이라면 자신만의 무언가에 매료되어 본 사람일 테니 내 열정을 알 것이다. 그러니 나를 이해할 수 있으리라. 뜨개를 향한 내 일편단심과 세상 모든 것을 뜨개와 연결 짓는 나를.

　조소 작품이나 무언가를 새긴 것을 보면, 내 머릿속에는 아란Aran이나 또 다른 무늬의 디자인이 떠오른다. 아름다운 그림을 보면 이걸 어떻게 배색해 뜰 수 있을까 생각한다. 새로운 패션 디자인을 보면 뜨개로 뜰 수 있을지 허공에 손가락으로 패턴을 그려본다. 뜰 수 있겠다 싶으면 결이 어느 방향으로 진행되어야 하는지, 옷 선을 잘 살릴 수 있을지, 어떤 뜨개 기법이 가장 효과적일지 생각한다.

　그러니 소신 있고 까칠하고 때로는 고약하기까지 한 내 태도를 부디 참아 주기를. 나는 뜨개에 관해서는 무척이나 예민한 사람이다.

 이 책은 뜨개옷을 디자인하면서, 때로는 무늬 없는 조각들을 뜨면서 즐거운 시간을 보내는 동안 머릿속에 떠오른 생각들을 정리한 것이다.

 이 책의 독자라면 공예의 기본을 잘 알 것이라 생각한다.

 능숙해지기만 한다면, 뜨개는 괴로운 마음을 어루만지고 고요한 영혼을 흩뜨리지 않는다.

 능숙한 뜨개란 불안해하거나 긴장하지 않고, 부담 없이 자신감과 창의력을 발휘해 재미와 최상의 자부심을 느끼며 느긋하게 하는 뜨개를 말한다.

 뜨개가 싫다면 굳이 할 필요는 없다. (안타깝지만 축복이 함께하기를.) 마음속 깊은 곳의 목소리를 따라 다른 즐거움을 찾을 수 있을 것이다. 하지만 뜨개를 즐기기 시작했다면 아마도 이 재미난 길에서 벗어나기 어려울 것이다.

 이제 알맞은 소재와 도구를 알아보자. (나는 뼛속까지 울 애호가임을 먼저 밝혀둔다.)

❀

울 wool

순하고 어린 양에게서 나온 부드러운 울실은 거미줄처럼

가늘고, 끈처럼 강하고 질기며, 솜털처럼 부드럽고 가볍다. 뜨개에 울실이 최고인 데에는 과학적인 이유가 있지만 거기까지 들어가지는 않겠다. 울에 관해 내가 아는 사실은 따뜻하고 아름답고 내구성이 강하다는 것뿐이다. 울실로 뜬 양말은 아무리 젖어도 발이 시리거나 질척거리지 않는다. 울실로 뜬 스웨터는 방수가 잘 되기 때문에 물속에 빠뜨려도 꽤 오랫동안 물 위에 떠 있어 느긋하게 건져도 될 정도다. 울실로 뜬 모자와 장갑은 엄청나게 퍼부어대는 폭우가 아니고서야 웬만한 것을 막아낸다. 최고급 울실과 앙고라 실로 만든 예쁜 모자가 생각난다. 스웨덴 보후스 지방의 그 예쁜 디자인은 1인치에 7코 게이지였다. 내 열정적인 스키 선생님은 눈보라 치던 궂은 날씨에도 그 모자로 두 계절을 났는데, 눈이 쌓여도 축축해지지 않는다며 지금까지 써본 모자 중 가장 따뜻하고 보송보송한 모자라고 했다.

   울에 알레르기가 있는 사람은 참 안됐다. 합성섬유는 놀라운 대체물이지만, 말 그대로 대체일 뿐이다. 울 알레르기 환자라면 지금이 50년 전 암흑시대가 아니라는 사실에 감사해야 할 것이다. 그때만 해도 울을 빼면 아마실이나 면실로 된 옷밖에 없었고, 겨울에 그런 옷을 입었다가는 얼어 죽었을 테니까. 물론 담비 털로 몸을 감싸 흉막염을 피한 사람도 있기는 했지만.

합성섬유로 만든 스웨터는 기계로 세탁하고 건조할 수 있기는 하지만, 내게는 이 점이 오히려 스웨터의 가치를 운동복 수준으로 떨어뜨리는 것 같다. 진짜 스웨터를 세탁하는 일은 아기를 목욕시키는 일과 비슷하다. 무언가를 깨끗하고 예쁘고 좋은 냄새가 나게 만들 때 느끼는 만족감은 서로 닮았다.

울 스웨터를 세탁하면 줄어드는 이유에 대해 옛 아낙들이 하던 그럴듯한 이야기가 있다. "울실을 감을 때 절대 단단하게 감으면 안 돼요. 실이 팽팽하게 당겨지면서 늘어나거든요. 이 실로 스웨터를 뜨고 그 스웨터가 더러워져 세탁해야 할 때가 되면, 한껏 축축해진 울은 원래 성질이 그렇듯 늘어나기 전 상태로 돌아갈 것이고, 그 결과 스웨터 전체가 줄어들어요." 생각해 볼 일이다.

'합수ply'라는 개념은 오해받을 때가 많다. 합수는 실의 두께와는 상관이 없고, 그저 실의 구조를 말해줄 뿐이다. 상대적인 두께는 말할 수 있겠지만.

1합은 실 한 가닥을 말한다. 두 가닥이 꼬이면 2합, 세 가닥이 꼬이면 3합, 네 가닥이 꼬이면 4합, 더 많이 꼬이면 더 큰 합수가 된다. 실 한 가닥은 굵을 수도 가늘 수도 있으므로 합수로 실의 굵기를 말하기는 어렵다. 실의 굵기는 오로지 꼬인 실 한 가닥의 굵기로만 가늠할 수 있다. 나는 4합인 워스티드worsted 굵기의 실보다 가는 9합 실을 써본 적이 있다. 엄청나게 굵은 2합 실은 1인치(2.5cm)에 고작 2½코만 들어간다는 사실을 다들 알 것이다.

그러니 실을 살 때는 합수를 보지 말고 추천 게이지를 참고하자. 그리고 추천 게이지와 도안에 적힌 게이지를 비교하자.

실을 얼마나 사야 할지 모르겠다면 실 가게 점원에게 물어보면 된다. 그는 경험상 안다. 만약 점원이 모르거나 관심이 없다면 다른 실 가게에 가면 된다. 최고의 스페셜티 실specialty yarn* 가게와 좋은 매장부터 찾자. 뜨개를 아주 많이 해본 사람이 아니라면, 혹은 힘들게 뜬 작품이 줄어들거나 색이 바래거나 닳아도 괜찮은 사람이 아니라면 저렴한 실을 찾아 헤매는 일은 현명하지 못하다. 좋은 마음과 좋은 실로 정성 들여 만든 스웨터에는 값을 매길 수 없다. 왜 재료에 돈을 아끼려고 하는가.

실 가게에 가서 훌륭한 전문가와 상의하자. 만약 실 가게 점원이 실이 모자랄 때를 대비해서 여분의 실을 사두라고 제안하지 않는다면, 그러거나 말거나 한 볼을 더 사자. 반품과 교환 기한을 확인한 뒤 영수증에 적어놓자. 그렇게 실

* 트위드 실이나 그라데이션 실, 유기농 실처럼 일반적인 단색 실과 대비되는 독특한 특징을 갖는 실을 통칭하는 용어.

과 함께 보관하는 것이다. 이렇게 하면 점원이 여러분을 좋아할 것이다. 행여 여분의 실을 환불받지 못하더라도 뜨다가 실이 모자라거나 로트 번호가 달라지면 얼마나 큰 재앙이 닥칠지 생각해 보라. 여분의 실은 늘 유용하다. 양말이나 모자, 장갑을 뜰 수도 있고 배색이나 줄무늬를 넣을 때 쓸 수도 있으니까.

만약 여러분이 알뜰한 편이고 뜨개 행위 자체를 좋아한다면, 아주 가느다란 실로 콧수가 많이 들어간 스웨터를 뜨면 된다. 가는 실로 뜬 스웨터는 굵고 무거운 실로 뜬 스웨터보다 훨씬 가볍다. 노골적으로 말하면, 실은 무게로 판다. 가는 실로 뜨개를 하면, 실 살 돈을 벌어야 한다는 이유로 자리를 박차고 일어나지 않고 뜨개를 더 많이 즐길 수 있다.

로트 번호가 다를 때도 있다. 흰색이나 검은색 실도 그렇다. 그러니 애초에 실이 충분하지 않다면 프로젝트를 시작하지 않는 편이 좋다.

하지만 비 내리는 겨울밤, 제발 스웨터로 만들어달라고 애원하는 실 서너 볼을 누가 뿌리칠 수 있을까. "일단 실 가게에 가서 비슷한 실이 있는지 보고 올게"라고 말할 참인가? 맙소사. 당치 않은 소리. 방법이 있다.

만약 색감이 비슷한 실을 찾았다면, 두 실을 1인치나 2인치마다 번갈아 뜨자. 감쪽같이 섞을 수 있다.

알아차리기 어려울 만큼 미세한 색상 차이를 숨기기에 솔기만큼 적당한 위치는 없다. 새로운 실로 소매 하나를 뜨거나 또는 두 소매 모두 새 실로 뜨면 티가 나지 않는다.

만약 두 실의 색이 너무 다르다면 짐머만 스웨터를 뜨는 것도 방법이다(부디 그렇게 하기를). 그중 몇 가지는 몸통과 소매를 보텀업으로 뜨다가 겨드랑이에서 세 부분을 합쳐 어깨나 요크에서 마무리하는 방식이다. 이 방식으로 뜨면 색감이 다른 실을 얼마든지 사용할 수 있다. 밑단에서 겨드랑이까지 뜰 만큼의 분량도 안 되는 실로 스웨터를 뜨겠다고 그 밤에 새 프로젝트를 시작하는 사람은 없으리라. 그러니 겨드랑이까지 떴는데 실이 모자란다면 요크부터는 색을 바꿔 떠보자. 그야말로 유레카다. 만약 단색 실로 뜨는 중이라면, 로트 번호가 달라지는 시점에 안뜨기를 몇 단 넣으면 된다. 그러면 당신 외엔 대부분 눈치채지 못할 것이다(당신이 너무 많이 아는 것인지도). 로트 번호가 달라지는 부분에 작고 예쁜 배색 무늬를 넣을 수도 있고, 목 부분까지 계속 다른 색으로 뜨는 방법도 재미있을 것 같다. 이것이야말로 "취향과 상상력이 빚어낸 걸작"을 만드는 방법이다. 마지막 몇 단만 다시 원래 색으로 뜨면, 한발 물러나 옷 전체를 봤을 때 마치 원래 그렇게 뜨려고 했던 것처럼 감쪽같이 보일 것이다.

바늘

바늘의 재료는 너무나 다양해서 고르기도 쉽지 않다. 수년 전만 해도 나무, 뼈, 스틸, 거북이 껍질, 상아로 만든 바늘 중 하나를 선택할 수 있었다. 요즘 나오는 바늘은 대부분 스틸이나 플라스틱인데, 스틸 바늘은 단단하고 나무 바늘은 부드럽다.

밀리미터 단위로 바늘 굵기를 측정하는 유럽과 달리 무슨 이유에서인지 미국에서는 다른 숫자 체계를 쓴다. 바늘 게이지 자는 갖고 있으면 아주 유용하다. 게이지 자에 표시된 단위가 내가 쓰는 단위와 달라 혼란스럽더라도 그렇다. 가끔 아주 오래된 게이지 자를 볼 때가 있는데, 어떤 것은 하도 많이 써서, 또는 구멍 안에 바늘을 억지로 넣느라 헐거워진 것도 있다.

이 모든 사실이 가리키는 것은 하나다. 바늘 크기에 너무 구애받지 말라는 것. 특히 느슨하게 뜨는 사람이라면 더욱 그렇다.

쫀쫀하게 뜨는 이들은 힘겹고 불안한 삶을 산다. 그들은 바늘과 실을 너무 꽉 쥐어서 최악의 경우 손 근육뿐 아니라 팔, 어깨, 심지어 목 근육에도 무리가 간다. 이들은 가끔 모든 것을 내려놓고 휴식을 취한 뒤 다시 뜨개를 시작해야 한다. 초췌한 표정으로 이 사실을 인정하지도, 믿지도 않겠지만 말이다. 그들이 뜬 쫀쫀하고 작은 코들은 힘겹게 오른쪽 바늘로 밀리고, 그보다 더 쫀쫀하고 작은 코들은 잔뜩 눌린 채 자신의 차례를 기다리며 왼쪽 바늘에서 밀려 나간다. 얼마나 쫀쫀하게 떴는지 워스티드 굵기의 실로 뜬 결과물은 5mm 바늘로도 1인치에 5코나 들어간다. 이상적인 게이지는 3.75mm 바늘로 느슨하게 떠서 그만큼이 나오는 것이다.

만약 뜨개를 시작한 지 얼마 되지 않았다면 편물이 가지런해 보이게 하려고 쫀쫀하게 떠서는 안 된다.

어느 정도 떠 본 사람이라면 쫀쫀하게 뜨는 습관을 버리자. 느슨하게 뜨면 좀 울퉁불퉁해 보이기는 하지만, 그게 어때서? 기계로 짠 기성 스웨터와 똑같이 만드는 게 목표인가? 게다가 고르지 않은 편물에도 블로킹blocking[*]과 세탁이라는 놀라운 방법이 있다.

고대의 스웨터들은 하나같이 너무나 고르고 단정했기 때문에 나는 옛날 사람들이 놀라울 만큼 뜨개를 잘했을 거라 생각하곤 했다. 지금은 그들도 나처럼 울퉁불퉁 느슨하게 뜨개를 했다는 사실을 깨달았다. 변화를 가능하게 한 것

---

[*] 완성한 편물에 스팀이나 수분을 가해 원하는 형태와 크기로 만들거나 코들이 고르게 자리잡도록 하는 과정.

은 시간, 모두에게 평등한 시간과 무수한 세탁이었다.

그러니 바늘 굵기에 너무 호들갑을 떨 것 없다. 중요한 것은 게이지다. 게이지가 꼭 바늘 굵기에 좌우되는 건 아니다. 만약 여러분이 양말을 만들고 싶은데 2.75mm 바늘이 세 개밖에 없다면 2.25mm나 3.25mm 바늘을 같이 써도 된다. 느슨하게 뜨는 사람이라면 큰 차이가 없을 것이다. 나는 굵기가 서로 다른 네 개의 바늘로 별다른 문제없이 양말을 뜬 적이 있다. 어떤 사람들은 좋은 손가락 감각을 지니고 태어났는데도 그것을 잘 믿지 못하는 것 같다. 그들은 너무 굵은 바늘이 주어졌다 싶을 땐 있는 대로 쫀쫀하게 뜰 것이다. 반면에 아주 가는 바늘이 주어지면 바늘을 헐겁게 쥐고 느슨하게 뜰 것이다. 아무런 문제없이. 우리는 즐겁기 위해 뜨개를 하는 것이지 고생하고 걱정하고 의심하기 위해 뜨개를 하지 않는다. 그러니 부디 걱정은 덮어 두기를. 쫀쫀하게 뜨는 사람이라면 느슨하게 뜨는 연습을 해보자. 삶이 달라질 것이다. 다양한 뜨개바늘 재료는 다음과 같다.

나무

6mm나 10mm처럼 큰 사이즈일 때 아주 유용하다. 잘 길들인 나무 바늘은 사랑받을 만하다. 나무가 부딪치면서 내는 기분 좋은 소리는 마음을 안정시키고, 어린 시절의 기분을

되살아나게 한다. 새로 산 나무 바늘이 너무 뻑뻑하다면, 사포나 강모steel wool로 길들인 다음 밀랍이나 아마씨 기름을 살짝 바르면 나아진다. 마감을 잘하면 몇 년도 사용할 수 있는데, 되도록 탈지 과정을 거치지 않은 오일드 울oiled wool을 사용하는 편이 좋다.

동물 뼈
이제는 흔치 않아 귀한 존재. 역시 사포가 도움이 된다.

스틸
챙챙 소리가 나는 스틸 바늘은 양말이나 레이스 뜨기 용으로 아주 작은 사이즈까지 나온다. 녹이 슬기 쉬우므로 강모를 뜨는 것은 적합하지 않다. 보관할 때는 기름을 살짝 바르자.

거북이 껍질과 상아
박물관에 보관할 만한 것들. 소중하다.

셀룰로이드
불이 잘 붙기로 유명하니 이 바늘로 뜰 때는 촛불에 너무 가까이 앉으면 안 된다. 불에 아주 취약해서 여간 조심하지 않으면 안 된다.

알루미늄

강도가 좋은 바늘. 알루미늄 바늘의 외부 코팅이 벗겨졌다면 천연 오일리 울실(가끔은 부트 울boot wool이라고도 불림)로 뜰 때 조심하기를. 울에 함유된 라놀린 성분이 금속을 검게 만들고 이것이 편물에도 묻어날 수 있다. 세탁하면 쉽게 지워지니 큰일 날 건 없지만, 그렇다고 해도 너무 마음을 놓지 않는 편이 좋다. 4mm 알루미늄 바늘은 비상시 선체 외부 모터의 시어핀 대용으로 쓰기에도 아주 훌륭하다는 사실을 알고 있는지. 7마일이나 되는 거리를 노를 저어 가야 할 뻔했다가 이 바늘 덕분에 살았다. 바늘을 다시 뾰족하게 만들기 위해 몇 시간이나 바위에 대고 갈아야 했는데, 숭고하게도 그리고 어리석게도 제물로 바친 건 구슬 달린 쪽이 아니라 바늘의 뾰족한 끝부분이었다.

플라스틱 코팅 메탈

아주 단단한 바늘. 깔고 앉으면 구부러지지만 금방 돌아온다.

플라스틱 또는 나일론

부드러운 바늘을 좋아하는 사람에게 제격이다.

바다코끼리 엄니

이 바늘을 언급하는 이유는 순전히 자랑하기 위해서다. 나는 바다코끼리 엄니 바늘을 몇 세트 소장하고 있는데, 쓸 때마다 아주 경건한 마음이 된다. 이 바늘은 튀어나온 엄니처럼 완만하게 구부러져 있다.

쓰다 보면 일자 바늘이 그리워진다. 그러니 여러분이 어떤 바늘을 더 좋아하는지 생각해 보고 장만하기를. 바다코끼리 엄니 바늘 중 어떤 것은 다른 것보다 끝이 뭉툭한 것도 있다. 느슨하게 뜨는 사람에게는 나쁘지 않지만 쫀쫀하게 뜨는 사람에게는 뾰족한 바늘이 나을 것이다. 평면뜨기를 할 때 쓰는 막대바늘 두 쌍, 그리고 끝에 구슬이 달리지 않은 줄바늘 네 개가 한 세트다. 유럽에서는 양말바늘 다섯 개가 한 세트로 나온다. 양말 몸체에 네 개의 바늘을 걸고 다섯 번째 바늘을 움직이며 뜨기 때문이다. 양말바늘용 바늘 마개가 없을 때는 임시방편으로 고무 밴드를 단단하게 감아도 되고, 당연히 고무로 된 바늘 마개를 써도 좋다. 필요할 때 절대 찾을 수 없다는 점이 문제지만. 내가 아는 도로시 케이스라는 사람은 아예 실과 바늘 마개를 서로 연결했는데, 그랬다가 둘 다 잃어버릴 수도 있다.

나무나 플라스틱 바늘의 구슬 달린 끝부분을 반대쪽처럼 날카롭게 만들고 싶다면 연필깎이나 사포를 쓰면 된다.

줄바늘

줄바늘은 내가 특별히 아끼는 반려 바늘이다. 어릴 때만 해도 줄바늘이라고 하면 줄의 양 끝을 바늘 모양으로 뾰족하게 만든 것이 고작이었는데, 지금은 엄청나게 변화해 종류가 다양해졌다. 옛날 줄바늘은 줄과 바늘 부분의 연결이 썩 견고하지 못했지만, 그래도 잘 부러지지 않아서 던져도 끄떡없었다. 줄 한 가닥이 길게 늘어져 있어서 떠야 하는 코가 줄에 걸린 채 점점 왼쪽 끝으로 밀려간다. 기지를 발휘해 편물을 뒤집어 뜰 수도 있고 이렇게 하면 코들이 반대쪽 끝으로 밀려가는데, 문제라고 할 것까지는 아니지만 그러다 보면 바늘의 다른 쪽 끝이 곧 닳기 시작한다. 이것이 우리 세대의 일부가 줄바늘을 뿌리 깊이 혐오하는 이유라고 나는 확신한다. 아무리 생각해도 다른 이유는 없다. 젊은 사람들은 열린 마음을 갖고 줄바늘을 좋아하는 것 같다. 하지만 뜨는 방향이 바뀌지 않도록 조심하느라 힘들어하는 것은 사실이다. 이 간극을 내가 용감하게 메워보려고 한다.

요즘 줄바늘은 내구성에 관한 한 나무랄 데가 없다. 버전에 따라 상당히 다른데, 전체가 나일론인 것도 있고 끝부분만 스틸로 된 것도 있다. 길이도 매우 다양하다. 나는 40cm와 60cm 길이만 사용한다. 길이가 70cm에서 6cm만 길어져도 내게는 방해가 되는 것 같다. 하지만 90cm 줄바늘로도 즐겁게 뜨는 사람도 있다.

소매, 모자, 아동용 스웨터를 뜰 때는 40cm 줄바늘이 좋다. 나는 직접 디자인한 스웨터와 스커트, 숄은 늘 60cm 줄바늘로 뜬다. 야심 차게 진행하던 프로젝트의 막바지까지도 60cm 줄바늘로 수천 코를 떴다면 믿겠는가. 사실이다. 전혀 문제없었다. 편물이 뭉쳐서 시작점을 찾기 어려웠다는 사실을 빼고는. 그러니 시작점은 빨간색 실로 확실하게 표시하는 것이 현명하다. 예전에 외딴섬에 2주간 고립된 적이 있어서 40cm 줄바늘로 320코를 떴는데, 썩 재미는 없었다.

시중에는 28cm 줄바늘도 있고 그보다 짧은 23cm 줄바늘도 있지만, 내 경우 이런 바늘들은 주로 가르칠 때만 언급한다. 나중에 28cm 줄바늘로 노르웨지안 배색 장갑을 뜰 계획은 있다. 네 개의 바늘로 배색뜨기를 하면 바늘을 바꿀 때 장력을 조절해야 하는 문제가 있는데, 줄바늘로 뜨면 그럴 필요가 없다. 하지만 바늘이 너무 짧으면 손으로 쥐는 부분도 짧아지기 때문에 엄지와 집게손가락으로 짧은 바늘을 꼭 쥐고 떠야 하고, 그러다 보면 금세 피곤해지고 짜증이 날 수 있다.

그러니 줄바늘을 살 때는 손으로 쥐는 부분의 길이가 충분한지 살펴야 한다. 40cm 줄바늘이라면 손으로 쥐는 부분이 아무리 짧아도 9cm는 되어야 하고, 60cm 줄바늘이라면 12cm는 되어야 한다. 다양한 바늘을 써보며 내게 잘 맞는 바늘을 찾고, 자주 쓰는 굵기와 길이의 바늘을 정리해 두자. 나는 40cm 줄바늘 두 개로 작업하길 좋아하는데, 내킬 때는 소매 두 개를 동시에 뜰 수도 있다. 전체가 나일론으로 된 줄바늘은 끝부분이 다소 유연하고 사이즈도 작아서 배색뜨기를 할 때 주로 사용한다. 하지만 아란 무늬나 꽈배기 무늬를 뜰 때는 다루기 힘든 코에도 바늘을 쉽게 걸 수 있는 스틸바늘을 선호한다.

예컨대, 비행기 좌석에서 뜨개를 하기에 가장 완벽하고 적절한 도구는 줄바늘이다. 앞뒤로 작업하기에도 좋고 바늘을 잃어버릴 위험도 없으니까.

❦
다른 도구들

뜨개에 유용한 도구로는 막대자나 줄자, 가위, 바늘 게이지 자, 그리고 뭉툭하고 뾰족한 두 종류의 돗바늘이 있다. 태피스트리 바늘은 가느다란 실을 쓸 때는 괜찮지만, 워스티드 굵기나 그보다 굵은 실의 경우 바늘귀 뒤에 실이 뭉치면서 편물을 훑고 지나간다. 그러니 굵은 바늘을 하나 마련하

자. 작은 안전핀 같은 마커도 구할 수 있다면 여러 개 준비하자. 작은 코바늘도 가끔은 유용할 때가 있을 것이다. 하지만 뜨개를 즐기기 위해 정말로 필요한 것은 실과 바늘, 손 그리고 평균보다 약간 낮은 지능이면 충분하다. 물론 여러분이나 나처럼 높으면 더 좋고.

❦
편물의 조직과 무늬

편물의 조직과 무늬로 넘어가자. 뜨개인이 뜰 수 있는 수백, 수천 개의 도안이 어딘가에 잘 기록되어 있으니 굳이 그것에 대해서는 말하지 않으려고 한다. 대신 평범한 기법과 그것을 다양한 용도에 맞게 뜨는 비결에 관해 설명하는 편이 나을 것 같다.

 메리야스뜨기는 늘 틀림없는 기법이다. 가장 쉽다고 말할 수는 없지만, 가장 자주 사용되는 것은 분명하다. 뜨는 방법은 두 가지다. 두 개의 바늘로 앞면은 겉뜨기, 뒷면은 안뜨기하는 평면뜨기 방법이 있고, 줄바늘을 이용해 계속해서 겉뜨기만 하는 방법이 있다. 네 개의 바늘로 원통형 심리스 편물을 만들 수도 있다. 소박함과 단순함 때문에 나는 메리야스뜨기를 많이 한다. 원하는 대로 코늘림과 코줄임을 하고 형태를 만든 메리야스 조직은 옷의 구조를 더욱 또렷하게 보여준다. 뜨개옷의 세밀한 구조에 관심이 많은 내게는 이 점이 가장 강렬하게 다가온다. 옷의 전체적인 형태만 제대로 구현한다면, 내가 만든 도안을 여러분이 원하는 어떤 무늬로든 바꿀 수 있다.

메리야스 조직은 잘 말린다. 위아래로 말릴 때는 내 몸쪽으로, 양옆으로 말릴 때는 내 몸 바깥쪽으로 말린다. 이렇게 말리는 이유는 메리야스 코의 앞면이 뒷면보다 약간 짧기 때문이다. 빵의 표면이 굳으면서 빵이 휘는 것과 비슷한 원리다. 그러니 메리야스 조직이 말리지 않게 하려면 가터뜨기나 멍석뜨기, 고무뜨기로 테두리를 둘러야 한다. 하지만 메리야스 조직으로 뜬 카디건의 테두리를 만들 때 반드시 몸통과 같이 떠야 하는 것은 아니다. 나중에 꿰매서 연결할 수도 있고, 더 좋은 방법으로는 코를 주워 세로로 뜰 수도 있다. 이렇게 하면 몸통과 테두리를 견주어가며 길이를 조절할 수 있고, 따라서 앞섶이 울거나 테두리가 몸통 아래쪽으로 삐져나오는 등의 원치 않는 상황을 피할 수 있다.

편물을 모두 안뜨기로 뜨면 메리야스 조직을 뒤집은 것과 같은 모양이 된다. 이 기법으로 스웨터를 만들면 뒤집어서도 입을 수 있다. 꽈배기나 구조가 복잡한 아란 무늬의 바탕으로도 훌륭하다. 메리야스 조직에 안뜨기를 한 단 넣으면 선명하게 부각이 되고, 겹단의 접히는 부분에도 제격이다. 안뜨기 단을 두 단이나 세 단 또는 그보다 많이 넣으면 굵직한 가로선을 이루며 근사한 웰트* 혹은 이랑처럼 보인다. 안뜨기를 세로로 배열하면 이런 효과를 거의 누릴 수 없고, 아마 잘 보이지도 않을 것이다. 하지만 안뜨기 편물 위에 겉뜨기를 세로로 배열하면 고상한 분위기가 나면서 상당히 돋보일 수 있다.

가터뜨기는 가장 뜨기 쉽고, 보기에도 근사한 기법이다. 평면뜨기를 모두 겉뜨기로만 하면 된다. (원통으로 뜬다면 한 단은 겉뜨기로, 한 단은 안뜨기로 번갈아 떠야 하니 뜨기 쉽다는 장점이 사라진다.) 겉뜨기 코는 앞면에서는 매끈한 V자 모양을 이루고 뒷면에서는 진주처럼 볼록한 동그라미 모양을 이룬다. 따라서 가터뜨기로 평면뜨기를 하면 매끄러운 단과 볼록한 단이 차례로 교차한다. 앞면의 매끄러운 단은 뒷면의 볼록한 단과, 뒷면의 매끄러운 단은 앞면의 볼록한 단과 짝을 이룬다. (메리야스 조직은 한 면에는 V만, 다른 면에는 동그라미만 있다.) 가터 조직은 앞면과 뒷면이 따로 없고 양쪽의 모양이 같다. 앞으로 말리는 코와

---

* welt. 웰트는 쉽게 말해 고무뜨기를 가로로 뜬 것과 비슷하다. 한 단 이상의 겉뜨기 단과 한 단 이상의 안뜨기 단이 교차해 만들어지며, 고무뜨기가 그렇듯 웰트 또한 겉뜨기 단과 안뜨기 단의 수로 종류가 나뉜다.

겉뜨기 코(앞)   겉뜨기 코(뒤)

뒤로 말리는 코가 교대로 배치되어 있어서 전혀 말리지도 않는다. 이 때문에 블랭킷과 아프간, 특히 아기 옷에 적합하다. 갑작스런 상황이 닥쳤을 때 아기 옷을 뒤집어 입히면 좋겠다는 생각을 다들 얼마나 많이 하는가. 가터뜨기 스웨터라면 가능하다. 이 기법으로 만든 옷은 늘 안쪽에서 깔끔하게 마무리되기 때문에 앞뒤를 뒤집어 입어도 전혀 티가 나지 않는다.

가터뜨기 조직에 선명한 결이 생기는 이유는 그 구조가 만들어낸 이랑 덕분이다. 이랑 무늬는 가로로도 세로로도 만들 수 있으며 빛과 그림자를 달리 포착해 매력적이다. 그럴 때 가터 조직의 재미있는 질감이 또렷해진다.

메리야스뜨기와 안메리야스뜨기를 번갈아 떠서 생긴 세로줄이 만들어낸 고무단은 단순한 형태이지만 매우 유용하다. 스웨터 밑단에 쓰면 엄청난 신축성을 자랑한다. 전체가 고무뜨기로 된 양말은 발목에 착 감기고 흘러내리지 않아 몹시 훌륭하다. 하지만 전체가 고무뜨기로 된 스웨터는 몸에 달라붙는 경향이 있다. 그러니 품위를 유지하면서 고무뜨기 스웨터를 입고 싶다면, 예상한 콧수보다 훨씬 많은 콧수를 잡고 뜨자.

모든 고무뜨기를 꼬아서 뜨면 (그러니까 겉뜨기의 뒤쪽으로 바늘을 넣고, 안뜨기에서도 뒤쪽으로 바늘을 넣는다면) 아주 탄력 있고 우아한 고무단을 만들 수 있다. 아니면 겉뜨기만 꼬아뜨기 해도 괜찮다. 막대바늘로 평면뜨기를 하면서 이렇게 뜨면 확실한 탄력을 얻을 수 있고, 고무단의 겉뜨기 코에 경쾌한 불규칙성이 생겨서 마치 두 단마다 한 번씩 꼬여 있는 것처럼 보인다. 사실 나는 모든 고무단을 줄바늘로 떠서 내 겉뜨기 코는 모두 꼬아뜨기 하기에 좋다. 줄바늘로 뜨는 사람에게는 보너스 같은 것이랄까. 뜨개를 되도록 쓸모 있고 즐겁게 만들고 싶어 하는 내 성향에는 이런 점이 잘 맞지만, 사실 이건 주관적인 문제다. 난도 최상의 기법을 완벽하게 해낼 때 짜릿함을 느끼는 뜨개인도 있다. 그들은 분명 고무단을 뜰 때 겉뜨기도 안뜨기도 모두 꼬아 뜨는 것을 좋아할 것이다. 그들을 응원한다. 그런가 하면 무엇을 어떻게 뜨든 어깨에 잔뜩 힘을 준 채 모든 코를 꼬아 뜨려는 사람도 있는데, 그런 일만은 어떻게든 피해야 한다. 그것은 뜨개의 핵심이 아니다.

고무단에 여러 가지 케이블 무늬나 유행하는 뜨개 기법

을 넣어 정교하게 장식할 수 있다. 고무단은 아일랜드에서 건너온 사랑스러운 아란 피셔맨 무늬의 기초이기도 하다. 아란 스티치Aran Stitches는 기본적으로 고무뜨기 형태이기 때문에 이 스웨터의 테두리에는 따로 고무단을 넣지 않아도 된다. 그래도 말리지 않는다. 하지만 몸통 밑단과 소매 부리에 포인트를 주고 싶다면, 처음 몇 센티를 뜨는 동안에는 몸통에 있는 것보다 안뜨기를 적게 뜬 뒤 몸통을 뜰 때 필요한 만큼 안뜨기를 늘리면 된다. 안뜨기하며 한 코 늘린 것(64쪽 참고)은 겉에서 잘 보이지 않는다.

아일랜드 스웨터의 테두리에는 몸통 부분과는 전혀 다른 무늬가 들어가 있는 경우가 많은데, 보통은 생명의 나무 Tree of Life 무늬나 작은 케이블이다.

기법

뜨개 기법을 단 두 가지로 나누기에는 너무나 광범위하고 심오하다. 그래도 어쨌든 두 가지로 나누자면, 실을 어느 손으로 잡는가에 따라서 오른손 기법과 왼손 기법으로 나눌 수 있다. (어떤 이유에선가 오른손잡이들은 왼손잡이를 경멸한다. 일에도 서툴고 지나치게 겸손하며 근거 없이 열

등하다는 생각을 가진 것 같다. 내 추측인데, 혹시 영국에 오른손으로 뜨개 하는 사람이 많아서 이 방식이 더 품격 있다고 생각하는 게 아닐까. 물론 동의하지 않아도 괜찮다. 원래 나처럼 앵글로색슨 계통의 이름을 가진 사람들은 다른 사람들을 아래로 보는 경향이 있는데, 왜일까?)

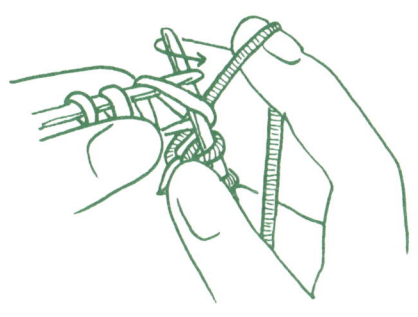

오른손 뜨개 또는 미국식 뜨개

실을 오른손으로 잡고 뜨는 오른손 뜨개인을 잉글리시 또는 아메리칸 스타일로 뜬다고 말한다. 아무래도 아주 긴 바늘(또는 줄)로 뜨개를 할 때 만들어진 기법인 것 같다. 오른쪽 바늘은 하도 길어서 뜨다 보면 바늘 끝이 벨트 안으로 들어가거나 벨트에 부착된 주머니 안을 파고들기도 했다. 두 바늘의 뾰족한 끝은 왼손으로 잡게 되고, 그럼으로써 오른손은 떠야 할 실을 자유롭게 잡을 수 있어 놀라운 속도로 뜨개가 가능하다. 지금까지 남아 있는 이 기법의 흔적이라면, 35cm 바늘의 한쪽 끝을 오른팔 아래에 두고 뜨는 모습이다. 이 방식으로 뜨는 사람들은 모든 코마다 다음 세 가지 동작을 반복한다. 바늘을 찌르고, 실을 감싸고, 코 안으로 바늘을 통과시키고.

왼손 뜨개인들은 대개 유럽 대륙 배경을 가진 이들이다(물론 오른손으로 뜨개를 하는 유럽인도 없지는 않다). 그들은 실을 왼손 검지에 걸고 오른쪽 바늘로 코를 뜬다. 두 가지 동작, 그러니까 바늘을 넣고 실을 걸어 빠져나오게 하는 것이다. 어떤 뜨개인은 왼손 검지를 위로 올리기도 하고 그 반대로 아래로 내리는 사람도 있다. 왼손 검지에 실을 여러 번 감고서 그걸 한 번에 풀며 뜨는 사람도 있다. 어떤 사람들은 장력을 조절하기 위해 마치 실뜨기를 하듯 여러 손가락

왼손 뜨개 또는 독일식 뜨개

에 실을 걸쳐두기도 한다. 이들은 모두 왼손 뜨개인이며, 평균적으로 오른손 뜨개인보다 속도 면에서 훨씬 앞서 있다.

나는 왼손 뜨개인이지만 태어날 때부터 그랬던 것은 아니다. 엄마 무릎에 앉아 뜨개를 배울 때는 오른손 방식으로 배웠다. 그렇게 티팟 워머와 잉크병 아래에 까는 파란색 매트를 만들었다. 머지않아 우리 가족은 당시의 관습대로 가정교사를 두었다. 어느 정도 자란 아이에게는 학습 가정교사, 어린아이에게는 스위스인 보육 가정교사가 붙었다. 이 말을 해야 할까? 영국인 가정교사는 오른손 방식으로, 스위스인 가정교사는 왼손 방식으로 뜨개를 하더라고. 이 말도 해야 할까? 나는 스위스인 가정교사의 방식에 반해서 열심히 따라 했다고. 물론 중요한 이야기는 아니다. 하지만 그 결과를 들으면 깜짝 놀랄 것이다. 그때가 1920년이었는데 영국인 가정교사는 내가 이상한 손놀림으로 뜨개를 하는 것을 보고 그런 야만적인 독일식 방법으로는 어떤 것도 떠서는 안 된다며 단호하게 금지했다. 청개구리 기질이 발동한 나는 몰래 연습했고 금세 익숙해졌다. 결국 이 독특한 가정교사의 자비로운 용서로, 나는 남들 앞에서도 이 이국적인 방법으로 뜨개를 하게 됐고, 그 후 다시는 돌아보지 않았다.

이 일화에서 중요한 점은 내가 실을 잡는 방법이 약간 독특하다는 점이다. 독학을 했기 때문이다. 나는 왼손 검지를 아래로 내리고 뜨개를 하는 편인데, 그 손가락으로 바늘도 잡고 있다. 왼손 검지 위에 걸쳐진 실은 나머지 세 손가락 아래로 이어지고, 이렇게 하면 장력을 마음대로 조절하기에 좋다. 나는 보통 1분에 45코, 최고 속도일 때 51코를 뜬다. 손도 팔도 편안하기 때문에 이 정도로 만족한다. 오른손 방식도 잊지는 않았다. 곧 함께 살펴보겠지만 이 방식도 유용할 때가 있다.

그러니 부디 좋아하는 방식으로 뜨기를. 알려지지 않은 작은 팁들을 개발해 나가기를. 플랜 B를 마련해 두듯이.

왼손 뜨개인들에게 한 마디. 안뜨기를 할 때는 코 안으로 실을 걸어서 가져오는 방식이 가장 쉽다. 실을 오른쪽 바늘 아래에 두고서 바늘을 뒤집어씌우듯 바늘 밖으로 빼내는 방법. 그런데 이렇게 하면 코가 뒤집히므로 다음에 겉뜨기할 때 꼬아뜨기를 해야 한다. 여러분 대부분은 아마 이 문제를 보완할 방법을 충분히 알고 있고 제대로 해결하겠지만, 어떤 사람들에게는 어려움이 있을 수도 있다. 그런 점에서 안뜨기할 때 실을 오른쪽 바늘 위에 두고서 바늘을 감듯이 내려 코 밖으로 빼내는 방법은 훈련할 가치가 있다. 항상 코의 오른쪽이 바늘 앞에 있어야 한다는 사실을 명심하자.

사실 뜨개에 틀린 방법이란 없다. 틀린 것에 가까운 어떤

안뜨기 방법   더 나은 안뜨기 방법•

방식이 있기는 하지만. 말하자면 거꾸로 뜨거나 거울 보며 뜨기 같은 것 말이다. 사실 틀렸다고 하기도 뭣하다. 그것을 옹호하는 사람들(혹은 피해자라고 불러야 할까?)도 상당히 그럴듯한 옷을 만들어내기 때문이다. 하지만 그들은 대개 다른 평범한 뜨개인 또는 거의 모든 뜨개 지침으로부터 단절된 채, 소통의 공백 속에서 뜨개를 한다.

그런가 하면 왼손으로만 뜨거나 거꾸로 뜨는 사람들은 오른쪽 바늘에 있는 코를 왼쪽으로 옮기며 뜬다. 그들은 글

• 이 책이 출간된 지 40여 년이 훨씬 지난 지금은 '더 나은 안뜨기 방법'이 일반적인 안뜨기 방식으로 자리 잡았다. 짐머만 시절의 일반적인 안뜨기 방식을 지금은 러시아식 안뜨기라고 부른다. Russian purl vs. Continental purl을 검색하면 관련 동영상을 볼 수 있다.

을 쓸 때 왼손으로 쓰기 때문에 뜨개도 왼손으로 해야 한다고 믿는 것 같다. (타자기나 재봉틀, 전화기는 어떻게 쓸까? 나도 늘 어색하기는 하지만.) 그들은 왼손으로 쓴 글씨도 남들이 알아보는 데에는 문제가 없다는 사실을 잊고, 거꾸로 뜬 편물을 보는 사람들은 마치 시계를 거꾸로 읽어야 할지 바로 읽어야 할지 고민하듯 편물을 어느 방향으로 봐야 할지 고민에 빠질 것이라 생각한다. 왼손으로는 머리를 쓰다듬고 오른손으로 배를 쓰다듬어야 할지, 아니면 그 반대로 해야 할지 고민하는 것과 같다.

사실, 왼손이 민첩한 사람에게는 독일식 뜨개법이 어울린다. 왼손이 할 일이 더 많기 때문이다. 왼손 뜨개법을 배우기가 어색하다면 그건 우리가 새로운 기술을 배울 때 경험하는 자연스러운 어색함이 아니라, 그들 스스로 왼손잡이에 대해 가진 편견 때문일 것이다.

솔직히 말하면 나는 베트누아[*], 그러니까 안뜨기를 피하고 싶어서 거꾸로 뜨는 방식을 독학으로 공부했다. 독일식으로 뜨면서 안뜨기가 엄청 쉬운 척하는 것은 의미가 없다. 막대바늘로 뜰 때 앞면은 평범하게 겉뜨기로 뜨고 뒷면은 거울을 보면서 뜨면, 안뜨기의 늪에 빠지지 않고도 메리야스뜨기를 해낼 수 있다고 나는 지금까지 주장해 왔다(내

---

[*] bête noire, 혐오 대상이라는 뜻의 프랑스어.

생각이 틀린 것 같지는 않다). 이렇게 하면 안뜨기를 하는 느낌 없이 메리야스 뜨기를 할 수 있다. 정확하게는, 할 수 있는 사람도 있다는 말이다. 하지만 여간한 솜씨가 있는 사람이 아니고서야 애쓴 보람을 느끼지 못할 것이다. 나는 안뜨기에 대한 내 선천적인 혐오를 해소하기 위해 얼마 지나지 않아 원통뜨기로 눈을 돌렸다.

왜 이렇게 많은 사람이 안뜨기를 싫어할까? 우리가 어릴 때 겉뜨기부터 배우기 시작했고, 안뜨기는 두 번째 방법이며, 겉뜨기에 없는 한 단계가 더 있어서? 누가 알까. 뜨개를 전혀 모르는 아이에게 안뜨기를 먼저 가르치면 어떻게 생각할지. 그래도 둘 중 안뜨기가 더 까다롭다는 사실은 인정해야 할 것이다.

물론 오른손 뜨개인에게는 안뜨기도 그렇게 나쁘지 않다. 나는 겉뜨기를 할 때는 실을 왼손에 잡고, 안뜨기를 할 때는 실을 오른손에 잡는 사람을 알고 있다. 하지만 겉뜨기와 안뜨기 무늬가 같이 나오는 작품을 뜰 때는 이 방법도 무용지물이다. 안뜨기가 눈물의 골짜기*인 건 틀림없다. 뭐든 완벽한 건 없다. 세상이 완벽했다면 우리가 세상 고마운 줄을 몰랐을 것이다.

* vale of tears, 성경의 시편에 나오는 구절을 인용한 것으로, 슬픔과 갈등과 비극의 근원으로서의 인간의 삶을 묘사하는 말이다.

그 밖의 디테일

코잡기

코를 느슨하게 잡는 것은 상당히 중요하다. 이것이 어렵다면 굵은 바늘을 쓰거나 바늘 두 개를 동시에 잡고 코를 잡아도 좋다.

코를 쫀쫀하게 잡으면 스웨터의 밑단이 가지런해질 것이라는 기대는 말자. 그저 고약하고 답답하고 융통성 없는 테두리가 만들어질 뿐이고 그건 닳기도 쉽다.

코 잡는 방법은 두 가지가 있는데 둘 다 괜찮다.

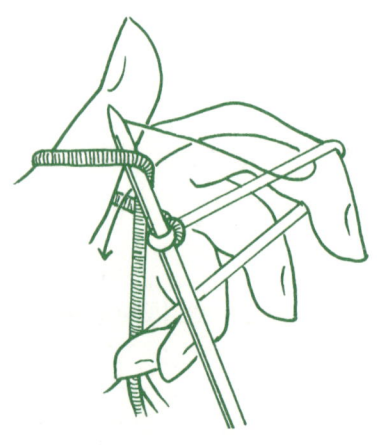

일반 코잡기

1. 실을 긴 꼬리처럼 남겨두고 오른쪽 바늘로 계속해서 고리를 만드는 방법이다Long tail casting-on. 실이 너무 짧을 때도 있고(정말 화난다), 너무 길 때도 있다(아까워서 역시 화난다). 두 가닥의 실을 이용해 계속해서 코를 만들거나 아니면 왼쪽 엄지에 만들어진 고리로 바늘을 통과시켜 겉뜨기하자. 결과는 같다. 실 꼬리가 너무 짧다면(아마도 몇 코 못 만들 분량만 남았을 텐데) 긴 실을 엄지손가락에 걸고 짧은 실을 검지에 걸어 코를 잡자. 남은 꼬리는 나중에 꿰매면 절대 보이지 않는다. 더 나은 방법은, 처음부터 두 볼에서 한 가닥씩 뽑아 쥐고 코를 잡는 것이다.

  2. 겉뜨기 방식으로 코잡기Knitting-on method는 가장 훌륭한 코잡기 방식이다. 바늘에 고리 하나를 만든 뒤 겉뜨기를 하나 뜬다(꼬리를 길게 남길 필요는 없고 3~4인치(7.5~10cm) 정도면 충분하다). 이렇게 만든 코를 둘 다 왼쪽 바늘에 둔다. 어릴 때 배운 것처럼 이걸 다시 겉뜨기하는 게 아니라, 두 번째 코와 첫 번째 코 사이에 바늘을 넣어서 겉뜨기한다. 다시 세 번째 코와 두 번째 코 사이에 바늘을 넣고 겉뜨기, 네 번째 코와 세 번째 코 사이에 바늘을 넣어 겉뜨기한다. 반복. 새로 만들어진 코는 늘 왼쪽 바늘에 둔다. 이렇게 하면 꽤 견고하고 유연한 밑단을 만들 수 있다. 처음

일반코 겉뜨기 방식으로 코잡기

감아코 잡기 꼬아서 감아코 잡기

에는 쫀쫀해 보이지만 잘 잡아당기면 형태가 잡힌다. 이렇게 코를 잡고서 뜨개를 다 마치고 보면, 코를 잡아 올라갔든 코를 잡아 내려갔든 둘 다 괜찮게 보인다. 밑단이든 윗단이든 어느 테두리에든 은혜롭게 어울린다. 이렇게 장점이 많은데 왜 다들 일반 코잡기만 고집하는지 모르겠다.

3. 주류는 아니지만, 코 잡는 방식에는 두 가지가 더 있다. 하나는 오른쪽 바늘로 코가 뒤집어진 고리를 만드는 방법으로, 단춧구멍을 만들 때 혹은 응급 상황에 쓰기에 유용하다. 바늘을 찌르기 전에 실을 꼬아 고리를 만드는 훈련만

잘해도 엄청난 성취다. 그렇게 되면 이 방법을 자주 쓸 것이다.

4. 보이지 않는 코잡기Invisible Casting-On도 있다. 편물의 끝부분과 시작 부분을 연결할 때 아주 유용하다. 최근에 발견한 건데, 넥다운 스웨터(내가 최고로 좋아하는 디자인은 아니지만)를 만들 때 솔기가 없는 겨드랑이를 만들 수 있다. 이 코잡기 방식은 바늘을 움직여 만든 고리와 보조 실로 이루어진다. 보조 실은 나중에 코를 줍거나 꿰맬 때 없앨 것이다. 방법은 이렇다. 보조 실과 작품 실을 준비한다. 오른손에 작품 실과 보조 실을 함께 쥐고 매듭을 만든 뒤 오른손에 쥔 바늘을 작품 실과 보조 실 사이에 둔다. 왼손으로 실을 잡는데, 보조 실이 위에 작품 실이 아래에 오도록 잡는다. *오른손에 바늘을 잡고, 보조 실의 앞쪽에서 바늘을 내리고 작품 실의 뒤쪽에서 (작품 실을 감으며) 바늘을 올린다. 보조 실의 뒤쪽에서 바늘을 내리고 작품 실의 뒤쪽에서 (작품 실을 감으며) 바늘을 올린다. 원하는 콧수가 바늘에 감길 때까지 *부터 반복한다. 시작할 때는 보조 실의 앞쪽과 뒤쪽에 교대로 바늘을 넣고, 끝날 때는 늘 작품 실로 고리를 만들며 끝내는 것이다. 고리가 모두 만들어졌으면, 보조 실이 오른쪽 바늘과 평행이 되도록 방향을 잡

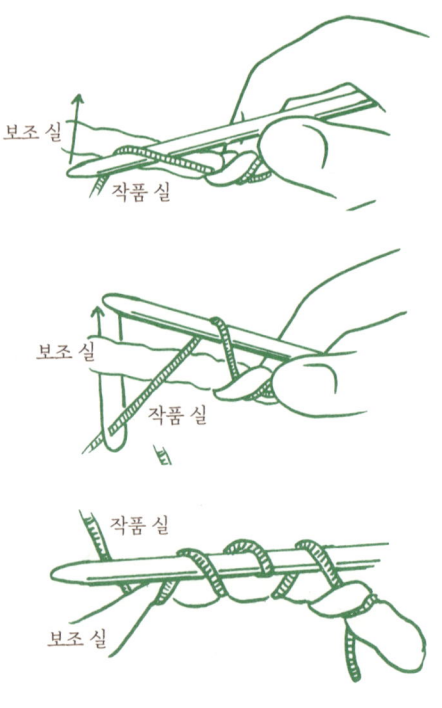

보이지 않는 코잡기

은 뒤 오른쪽 바늘의 아래쪽에 둔다. 코 잡은 단에 겉뜨기를 하듯이 첫 단을 겉뜨기한다. 겉뜨기가 끝난 뒤 보조 실을 당겨 빼내면 고리가 적당히 유연해져 코를 줍거나 뜰 수 있게 되고, 잇기도 할 수 있다. 가끔 앞면이 어디냐는 질문을 받는다. 나는 "앞면은 여러분이 보기에 가장 좋아 보이는 곳이에요"라고 대답한다. 나는 자수의 아웃라인 스티치처럼 보이는 면을 좋아한다.

코막음

1. 코막음 방법은 한 가지다. 겉뜨기를 두 코 뜬 뒤 첫 코로 두 번째 코를 덮고, 세 번째 코를 뜬 뒤 두 번째 코로 세 번째 코를 덮고. 이 과정을 반복하는 방법이다. 여기에서 비결은 장력을 적당하게 유지하는 것이다. 너무 당기면 편물에 주름이 지고, 너무 느슨하게 뜨면 헐거워 보인다. 연습과 경험만이 답이다. 코들이 자연스럽게 자리를 잡을 수 있도록 겉뜨기 코는 겉뜨기로, 안뜨기 코는 안뜨기로 코막음 하는 것을 기억하자. 프랑스인들의 현명한 조언처럼 "스스로 드러나게 하라 comme ils se présentent". 마지막 모서리 부분을 단정하게 마무리하기 위해 마지막 두 코는 함께 코막음 하자.*

나는 시간이 나면 코막음 방법을 개발하겠다고 늘 공언해왔는데 몇 년 전 어느 날, 해냈다. 물론 단점이 있다. 고무단의 무늬를 살릴 수 없다는 것. 고무뜨기를 살려야 한다면 코

---

* 왼쪽 바늘에 두 코, 오른쪽 바늘에 한 코가 남았을 때 왼쪽 바늘에 남은 두 코를 K2tog로 뜬 뒤, 오른쪽 바늘에 남은 한 코로 덮어씌우라는 말이다. 메그 스완슨에 따르면, 짐머만은 SSK보다 K2tog를 선호했다고 한다.

를 일일이 확인하며 코막음을 해야 한다. 하지만 장점도 있다. 코막음처럼 보이지 않는다는 것. 코막음을 하면서 이런 생각을 해 본 적 있는지? 코막음 처리만큼은 손으로 만든 티가 나지 않으면 좋겠다고. 이렇게 코막음을 하면 코를 잡은 부분과 모양이 상당히 비슷하게 마무리할 수 있다. 가터 조직의 밑단 처리에 매우 유용하고, 메리야스 조직은 조금 덜 말리게 해준다. (고무단에는 별로 권하지 않는다.) 나는 이 방법으로 코막음을 한 다음, 친구들에게 이렇게 묻기를 좋아한다. "이거 어떻게 만들었게?" 그들이 가장 먼저 찾는 것은 코막음 한 부분인데 이걸 찾지 못하면 대개들 당황한다.

꿰매는 코막음 Sewn Casting-Off

2. 이것이 바로 내가 개발한 방법이다. 코막음 하기에 적당한 길이로 실을 자른 다음 돗바늘에 연결한다. 왼손으로 편물을 잡고 *처음 두 코에 안뜨기 방향으로, 그러니까 오른쪽에서 왼쪽으로 바늘을 넣는다. 실을 당긴다. 첫 번째 코에 겉뜨기 방향으로, 그러니까 왼쪽에서 오른쪽으로 바늘을 넣고 실을 당긴다. 첫 번째 코를 바늘에서 제거한다. *부터 반복. 두 코 앞으로 나아가고 한 코 뒤로 물러나고, 두 코 나아가고 한 코 물러나고. 아주 위험한 건 아니지만 그래도 실을 너무 세게 당기지는 말기를.

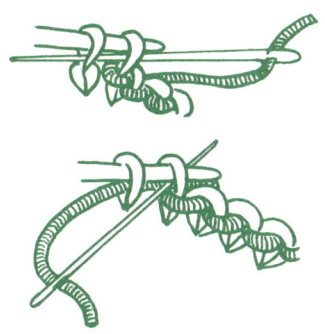

꿰매는 코막음

가터뜨기에서 코막음 하는 좋은 방법은 앞면에서 안뜨기로 코막음을 하는 것이다. 이렇게 하면 앞면이 살짝 말리다가 뒷면에서 평평해지게 되어 있다.

다음으로 설명할 코잡기식 코막음 Casting-on casting-off•은 이제 막 개발한 따끈따끈한 방법이다. 나는 이런 기법이 있다고 주장할 것이지만 내가 처음 만들었다고 주장하지는 않을 것이다. 아마도 누군가가 이 방법을 생각해냈다가 잊고 있는 게 아닐까 싶다. 확신할 수 있는 건, 아직은 이걸 쓰는 사람을 본 적도 들은 적도 없다는 사실 뿐이다.

이 코막음 방식은 코잡기의 복제판이다.

• 여기서 설명하는 코잡기식 코막음은 58쪽의 아웃라인 스치티 코막음과 같은 기법이다.

아웃라인 스티치 코막음 Cast-off in Outline Stitch

3. 맨 아래쪽 코 잡은 단을 눈여겨본 적이 있다면, 그것이 자수 기법의 하나인 아웃라인 스티치와 얼마나 닮았는지 알 것이다. 이것은 두 개의 코를 한 쌍으로 보고 꿰매는 휘갑치기의 일종이다. 이렇게 코막음을 했다가 풀면 고리로 이루어진 단이 나타나는데, 메리야스뜨기나 가터뜨기를 한 경우 코를 주워서 반대쪽으로 떠 내려갈 수 있다.

왜 이 방법으로 코막음을 하지 않는가?

대체 왜?

실을 적당히 자른 뒤 뭉툭한 돗바늘에 연결한다. 자른 실이 편물의 왼쪽에 달려 있도록 한 뒤 편물의 앞면을 마주본다. 왼쪽에서 오른쪽으로 코막음을 할 것이다. *실을 바늘 위쪽으로 흐르게 둔 다음, 두 번째 코의 앞에서 뒤로 바늘을 찌르고 첫 번째 코의 뒤에서 앞으로 바늘을 빼낸다. 바늘이 두 코를 관통하도록 해 실을 당긴 다음, 첫 번째 코

코잡기식 코막음

를 바늘에서 제거한다. *부터 반복한다. 장력이 느슨하도록 유지하자. 나중에 조여질 테니.

나중에는 뜨개바늘로도 이 코막음을 능숙하게 할 수 있게 되기를 바란다.

코막음의 변주

4. 조금 전에 말한, 코막음 방법을 발명했다가 잊었다는 사실을 이제야 알아차린 사람은 바로 바버라 워커다. 최근에 바버라를 만났을 때, 나는 그 덕분에 이 코막음 방법이 다시 떠올랐고 몹시 짜릿했다. 그간 까맣게 잊고 있었던 탓에 다시 발명해야 했던 것도 사실이다. 이것은 굉장히 멋지고 매우 쫀쫀하면서 단단한 코막음으로, 방법은 다음과 같다.

겉뜨기 3코. 첫 번째 코로 두 번째와 세 번째 코를 덮어씌운다. 네 번째 코를 겉뜨기한 다음 두 번째 코로 세 번째와 네 번째 코를 덮어씌운다. 이를 반복한다. 세 코가 남아 있

단단한 코막음

다는 사실을 빼면 보통의 코막음과 같다. 굵은 바늘로 이렇게 마무리하면 비교적 느슨하게 코막음을 할 수 있다.

어깨 코막음

5. 어깨 각 단의 시작 부분에서 5코씩 일정하게 코막음을 할 때 나타나는 각진 계단 모양을 없앨 수 있을까? 있고말고. 몇 년 전에 뜨개 장인에게 배운 아주 멋진 기법이 있다. 단이 시작되는 부분의 5코를 전부 코막음을 하는 대신, 첫 코를 오른 바늘로 옮긴 뒤 다음 코부터 코막음을 해 총 4코만 코막음 하는 것이다. 이 방법은 정말이지 마법이다. 어깨선이 계단이 아니라 부드러운 곡선이 된다. 고마워요, 노이만 부인.

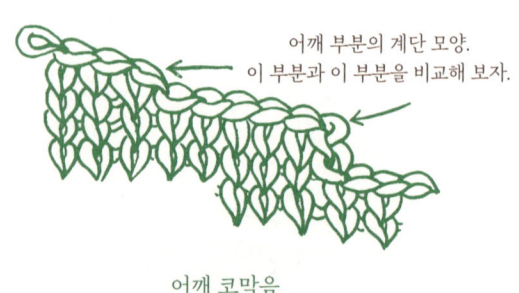

어깨 부분의 계단 모양.
이 부분과 이 부분을 비교해 보자.

어깨 코막음

코 줄이기

1. 코 줄이는 방법 한 가지는 다들 알 것이라 생각한다.

K2tog

두 코를 한꺼번에 뜨는 방법K2tog이다. 하지만 그 이란성 쌍둥이라고 할 수 있는 이 기법은 잘 모르는 뜨개인들이 있다. 바로 한 코를 걸러뜨고 한 코를 겉뜨기하고 걸러뜬 코로 덮어씌우는 방식, 줄여서 SKP라고 부르는 방식 말이다.

2. 바버라 워커는 뜨개 거장답게 SKP를 SSK로 변환했다. 뜬 모습이 훨씬 가지런할 뿐 아니라 뜨기도 더 쉽다. 한번 알고 나면 계속 이 방법을 쓰게 될 것이다. SSK는 적을 때도 편하고 발음하기도 쉽다. 한번 해 보기를. 바버라 워커의 말을 인용하겠다. "SSK란 첫 코와 두 번째 코에 겉뜨기 방향으로 바늘을 넣어 걸러뜬 다음, 걸러뜬 두 코의 앞쪽에 왼쪽 바늘을 넣고 한꺼번에 겉뜨기하는 방법이다."

코를 좌우에서 똑같이 줄일 때는 항상 이 두 방법을 같이 사용해야 한다. 그렇지 않으면 줄인 모양이 대칭이 되지

SL1, K1, PSSO 또는 SKP   SSK

코줄임

않는다. 어느 쪽을 먼저 줄일지는 어떤 결과물을 원하는지에 달려 있으므로 스스로 정하면 되지만, 일단 줄이는 방법을 정했다면 규칙성 있게 줄여야 한다. K2tog는 줄임을 하느라 사라진 코가 오른쪽에 있으므로 오른쪽으로 기울고, SSK는 줄임을 하느라 사라진 코가 왼쪽에 있으므로 왼쪽으로 기운다. 여러분은 머지않아 이 방법들을 선호하게 될 것이고, 코줄임을 해야 할 때면 습관적으로 이 방법을 쓰게 될 것이다.

양쪽에서 코줄임을 할 때 중심선을 유지하는 일을 어려워하는 뜨개인도 있다. 줄임과 줄임 사이의 코(한 코든 두 코든 세 코든 원하는 만큼의 콧수)에 마커를 거는 방법을 추천한다. 이 코들이 잘 살아있도록 주의하며 절대로 줄임 코가 침범하지 않도록 하자.

3. 한 번에 두 코를 줄이려면 한 코를 넘기고 두 코를 한꺼번에 뜬 다음, 넘긴 코를 덮어씌우면 된다. 이것을 변형한 것이 한 번에 두 코를 넘기고 한 코를 뜬 다음, 두 코를 함께 덮어씌우는 방법이다.

코 늘리기

1. 코를 늘리는 방법에는 여러 가지가 있지만, 나는 잘 알려지지 않은 방법, 즉 M1을 거의 예외 없이 사용한다. 오른쪽 바늘(A) 위에 단단한 역방향 루프를 만드는 매우 간단한 방법이다. 코와 코 사이의 실을 집어 올려 꼬아뜨기 해서 코를 늘리는 방법과 같은 결과가 나오고, 이것은 한 단 아래에서 코가 만들어진 것 같은 효과를 낸다. 내 생각에는 내 방식이 더 빠른 것 같다. 어쨌든 난 이 방식이 더 좋고 익숙하다. 이 방법은 내가 알기로 양쪽 대칭으로 코늘림을 할 때 진가를 발휘한다. 중앙의 코가 양옆의 코로부터 완전히

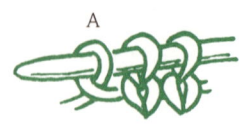 

꼬아서 감아코로 코 늘리기(M1)

독립된 채 꿋꿋이 서 있기 때문이다. 완벽주의자라면, 위와 같이 고리를 만들어 첫 번째 늘림을 한 다음 두 번째 늘림을 할 때는 코의 방향이 반대인 고리를 만들 것이다(B). 그러면 완전한 대칭 모양으로 코를 늘릴 수 있다. 하지만 이건 말했듯이 완벽주의자들이 하는 방식이다. 한번 해보고 할 만한 가치가 있는지 생각해 보기를.

2. 코늘림 방법 중에서 가장 감쪽같은 방법이 아래 그림에 나와 있다. 한 단 아래 코의 뒤쪽에 바늘을 넣고 뜨는 방법이다. 앞에서 뒤로가 아니라 반드시 뒤에서 앞으로 바늘

거의 감쪽같은 코 늘리기

을 넣어서, 그러니까 꼬아뜨라는 말이다. 그냥 뜨는 것과 꼬아뜨는 것의 차이는 해보면 알 것이다.

꿰매기
꿰매기는 안뜨기에 버금가는 뜨개인의 적이다. 내가 뜨개옷을 디자인할 때 되도록 꿰매기를 피하는 이유가 그것이다. 전문가들은 (어려워하기는 하지만) 뒷면을 보면서도 상당히 훌륭하게 박음질을 해낸다. 하지만 꿰매기를 좋아하지 않을 보통의 뜨개인에게는 무척 어려운 일이다.

다섯 조각으로 떠진 스웨터를 꿰매야 한다면 앞면부터 꿰매어 나가자. 적어도 내가 무엇을 하고 있는지, 어떻게 보일지 알 수 있으니까. 거의 항상 코막음이 되어 있는 어깨솔기부터 시작하자. 나는 어깨를 연결할 때는 잇기를 거의 하지 않는다. 이 부분에서 스웨터 조각이 서로 단단하게 고정되어야 하는데, 이어서 연결하면 신축성이 너무 좋기 때문이다. 솔기를 전혀 보이지 않게 만드는 것은 현명한 일이 못 되니 차라리 대놓고 드러내 장식처럼 보이게 하면 어떨까? 그러려면 안뜨기로 코막음을 하거나 아니면 코막음을 하기 전에 안뜨기를 한 단 넣는 게 좋다. 그런 뒤 단단하게 여러 번, 코와 코가 대응하도록 꿰맨다. 솔기를 단단하고 평평하게 꿰매고 싶다면 양옆에서 한 코씩 잡고 꿰매자.

모든 뜨개 잡지가 말하는 것처럼, 옆선은 세로로 근사하게 "이을" 수도 있다. 양옆으로 억지로 당기지 않는 한 거의 눈에 띄지 않는 솔기를 만들 수 있다. 하지만 옆선도 일부러 눈에 띄게 만들어 보면 어떨까? 시작과 끝의 두세 코를 가터뜨기로 끝내자. 안뜨기 단의 시작과 끝부분에서 겉뜨기 2개 또는 3개를 뜨면 된다. 모든 첫 코는 걸러뜨는 게 좋다. 이렇게 하는 데에 특별히 거부감이 있지 않다면 말이다. 이렇게 만든 가장자리는 보기에 좋고 말리지 않으며, 양쪽에서 번갈아 코를 주워 연결하는 방법은 어떤 합체 방법보다 훌륭하다. 나는 가터 조직 옷을 이런 식으로 꿰매는 데 거의 눈에 띄지 않는다. 가터 조직의 볼록한 부분 때문에 단을 세기도 쉽고 앞판과 뒤판의 단수가 같은지 확인하기도 좋다.

여러분의 꿰매는 솜씨가 마음에 들지 않더라도 걱정할 것 없다. 훌륭한 다른 뜨개인들도 어려워하기는 마찬가지다. 내 방식으로 솔기 없는 스웨터를 만들어 꿰매기를 아예 없애자. 그중 몇 가지를 곧 소개할 텐데, 여러분도 분명 좋아할 것이다.

잇기 weaving 또는 grafting 또는 kitchener stitch

이 기법은 희귀하고 난해한 기법으로 알려져 있지만, 평정

심을 잃지 않는다면 놀랄 만큼 쉽다. 실이 통과하는 경로를 주시해 실이 올바른 길로 들어가고 나올 수 있도록 하자. 느슨해질 걱정은 덮어 두어도 좋다. 장력은 마지막에 조절하면 되니까.

1. 메리야스 잇기 : 코가 두 바늘에 균등하게 나누어져 있는지 확인하고 뒷면을 서로 맞댄다. 실을 적당한 길이로 자르고 뭉툭한 돗바늘에 연결한다. 내 몸과 가까운 쪽 바늘을 '앞 바늘', 그 뒤쪽 바늘을 '뒤 바늘'이라고 부르기로 한다.

 *앞 바늘의 첫 코에 겉뜨기 방향으로 돗바늘을 넣고 실을 당긴다. 그 코를 바늘 밖으로 뺀다. 앞 바늘의 두 번째 코에 안뜨기하듯 돗바늘을 넣고 실을 당긴다. 코를 바늘에 남겨 둔다. 뒤 바늘의 첫 코에 안뜨기 방향으로 돗바늘을 넣고 실을 당긴다. 코를 바늘 밖으로 뺀다. 뒤 바늘의 두 번째 코에 겉뜨기 방향으로 돗바늘을 넣고 실을 당긴다. 코를 바늘에 남겨 둔다. *부터 반복한다. 하다 보면 돗바늘을 넣고 바늘 밖으로 코를 빼는 동작을 한 번에 할 수 있다는 사실을 알게 될 것이다. 잇기가 끝나면 실을 잘 당겨 장력을 조절하자. 안뜨기처럼 볼록한 코가 눈에 띈다면 돗바늘을 잘못된 방향으로 넣었다는 말이다. 이렇게 되면 다시 하는 게 좋다. 풀고 다시 하자.

2. 가터 잇기 : 훨씬 간단하지만 앞면은 앞면끼리, 뒷면은 뒷면끼리 맞추는 걸 잘해야 한다. 그렇지 않으면 안뜨기처럼 보이는 두 단이 서로 너무 가깝거나 너무 먼 상태로 마무리될 수도 있다. 앞면은 앞면끼리, 뒷면은 뒷면끼리 잘 맞췄는지 알 수 있는 가장 좋은 방법은, 잇기를 시작할 때 편물의 꼬리 실이 둘 다 오른쪽 끝에 있는지 확인하는 것이다. 둘 중 하나는 자르고 나머지 하나로 잇자. 뾰족한 가터뜨기 모자를 마무리할 때는, 단의 중간까지 겉뜨기한 다음 편물을 반으로 접어 두 바늘이 나란히 되게 한 뒤 이으면 된다.

메리야스 잇기의 첫 두 단계와 똑같다. *앞 바늘의 첫 번째 코에 겉뜨기 방향으로 돗바늘을 넣는다. 코를 바늘 밖으로 뺀다. 앞 바늘의 두 번째 코에 안뜨기 방향으로 실을 넣는다. 코를 그대로 둔다. 뒤 바늘에서 *부터 반복한다. 두 바늘에 번갈아 진행한 뒤 마지막에 장력을 조절한다.

고무단이나 무늬가 있는 편물은 결이 같은 방향이어야 이을 수 있다. 그러니까, 어떤 편물의 시작 단과 다른 편물의 끝 단을 이을 수는 있지만, 어떤 두 편물의 시작 단과 시작 단을 이을 수는 없다는 말이다. 그렇게 하면 무늬가 반 코씩 밀린다. 시작 단끼리 잇는 것은 메리야스뜨기와 가터뜨기에서만 가능하다. 결과가 감쪽같지 않다면 잇는 의미가 없다. 감쪽같이 잇는 게 불가능하다면 나는 차라리 정직하게 눈에 띄는 솔기가 낫다고 생각한다.

테두리

요즘 내가 가장 좋아하는 것은 가터뜨기 테두리다. 쉽고 단단하고 평평하며 양 끝의 모양이 같다. 옆으로 잡아당기면 마치 '유치원' 같았던 귀여운 모습은 사라지고, 미지의 뜨개무늬처럼 신비롭게 보인다. 나는 단춧구멍 만드는 법을 고안했는데, 가터뜨기에 이 기법을 쓰면 단춧구멍이 거의 눈에 띄지 않는다. 가터뜨기 테두리에 적용해 보고 여러분의 취향과 기질에 맞는지 확인해 보는 것은 어떨까.

앞섶과 목선을 제외한 나머지 부분을 모두 뜬 멋진 카디건을 갖고 있다고 치자. 몸통을 뜬 것보다 하나 혹은 두 호수 작은 35cm 길이의 막대바늘을 준비하자. 긴 줄바늘도 좋다. 앞면을 마주 보고 오른쪽 하단 모서리부터 시작한다. 첫 두 단의 코를 각각 주워 겉뜨기한다. 테두리로부터 한 코 반 또는 두 코가 들어간 자리에서 주워 겉뜨기하면 깔끔하고 고르게 보인다. 세 번째 단은 건너뛰고, 네 번째와 다섯 번째 단에서 마찬가지로 주워 겉뜨기한다. 여섯 번째 단을 건너뛰고, 일곱 번째와 여덟 번째 단에서 주워 겉뜨기한다. 이것을 반복한다. 단수의 2/3에 해당하는 콧수를 주워 겉뜨기했다. 이렇게 만든 테두리는 울거나 처지지 않는다.

목까지 왔으면, 목둘레를 매 코 겉뜨기하면서 반대편 앞섶으로 내려가라. 내가 코를 줍는다pick up고 하지 않고 주워 겉뜨기한다knit up고 말한 점에 눈길이 갈 것이다. 코마다 바늘을 넣고 실을 당겨 빼내는 것이 더 낫기 때문이다. 어떤 사람들은 바늘로 코를 모두 주워둔 뒤에 그것을 한꺼번에 겉뜨기한다. 내 생각에 이건 '줍는다'는 말을 오해한 결과인 것 같다.

이제 테두리를 만들자. 겉뜨기로 평면뜨기를 하면 된다. 앞목 테두리와 몸통 테두리가 만나는 부분에는 45도로 꺾어지는 모서리mitered corner를 만들기 위해 2단마다 2코 늘림을 하자. 안으로 꺾어지는 모서리를 뜰 때는 모서리의 안쪽에서 (나는 이걸 뒤집어진 모서리라고 부르는데) 2단마다 2코씩을 줄인다. 메리야스 조직이라면, 앞면에서는 겉뜨기로 뒷면에서는 안뜨기로 떠 조직감을 유지하자. 모서리 코늘림이나 코줄임을 앞뒷면 모두에서 진행해야 하는 것은 당연하다.

단춧구멍(82쪽 참고)은 반드시 테두리 폭의 중앙에 오도록 배치해야 한다(아마도 약 서너 개의 이랑 다음에). 단춧구멍 단을 뜨다 보면, 뒷목 부분에 왔을 때 뒷목 콧수를 1/4 정도를 줄이고 싶을 것이다(뒷목 전체에 걸쳐 K2, K2tog를 하며). 이것은 뒷목 부분이 헐거워지는 경향이 있기 때문이다. 원하는 만큼의 작업을 마쳤고 테두리도 괜찮아 보인다면, 앞면에서 안뜨기로 코막음을 하자.

테두리는 겉뜨기 하나와 안뜨기 하나를 단마다 교차로 뜨는 멍석뜨기로 뜰 수도 있다.

가터뜨기로 만든 옷의 테두리를 뜰 때는 단마다 모든 코를 줍지 않고 이랑마다 한 코(그러니까 2단마다 한 코)를 줍는다(164쪽 참고).

스웨터 밑단에 탄력 있는 고무단을 넣기로 했다면 제대로 떠보자. 겉뜨기 2코, 안뜨기 2코를 적어도 30단 정도는 떠야 한다. 만약 탄력이 적은 겉뜨기 1코, 안뜨기 1코 고무단을 뜨기로 했다면 최소 2인치(5cm) 이상은 뜬 뒤에 원하는 길이를 맞춰야 한다. 카디건의 앞 테두리에도 고무단을 넣을 수 있다. 앞 테두리가 목둘레 테두리와 만나는 코너 부분에서는 고무단에 중심을 세우자.* 완벽한 코를 지향하는 뜨개가 빛을 발하는 부분 중 하나이다.

이 글을 쓰는 지금 나는 온타리오에 위치한, 인적이 드문 호수 한가운데의 무인도에 있다. 오늘은 9월 초의 눈부신 맑은 날이고, 나는 실험적인 넥다운 스웨터를 뜨고 있다.

* 45도로 꺾어지는 모서리를 뜰 때와 마찬가지로 코늘림을 해 사선 중심선이 생기도록 뜨라는 뜻이다.

내가 아주 좋아하는 종류의 스웨터는 아니어서 제대로 마무리할 수 있을지 모르겠다. 가장 신나고 재미있는 어깨 부분은 초반에 떴기 때문에 이제 남은 것은 한없이 지루한 무한 겉뜨기 몸통과 소매다. 이 스웨터를 떠야 하는 핑계 중 하나는 아이들에게 입힐 옷이 필요하다는 것이다. 아이들 스웨터의 밑단은 영원히 수선하고 늘려야 한다.

자, 손목 부분에 고무단을 넣어 소매는 마쳤고 이제 100여 코로 이루어진 몸통 아랫부분을 뜰 차례다. 아직도 떠야 할 고무단이 많고, 탄력과 가지런함을 유지하기 쉽지 않은 고무단 코막음도 해야 한다. 의욕이 안 난다. 속임수나 꾀가 통하는지 볼까.

하필 실이 모자라다니 퍽도 다행이다. 내가 뜨는 실은 다른 어떤 실도 넘볼 수 없을 만큼 품격 있는 밝은 회색의 셰틀랜드 울이다. 1인치(2.5cm)에 6코 게이지. 지금 가진 다른 실은 근사한 코코아 색감의 2합 쉽울Sheepwool이 전부다. 1인치에 5코 게이지.

모든 실은 저마다의 목적에 맞는 최적의 게이지를 갖고 있다. 1인치에 5코가 나오는 실로 1인치에 6코가 되게 뜨면 단단하고, 두껍고, 탄력 없는 편물이 된다. 배를 타는 선원에게는 방풍 및 방수 스웨터로 좋겠지만, 어린아이에게는 유용하지 않다. 이걸 어떻게든 셰틀랜드 울과 함께 떠서 받아들일 만한 결과물이 나오게 해야 한다.

새로 연결한 실이 훨씬 굵어서 아무래도 스웨터의 테두리도 두꺼워질 것 같다. 피할 수 없으면 즐기자. 정직하게 두꺼운 가터뜨기로 마무리하자. 두 실을 번갈아 뜨면서 색상과 질감을 섞어보려 한다. 이렇게 2인치(5cm)를 뜬 뒤 안뜨기를 한 단 넣고 겉뜨기를 세 단 뜰 건데, 마지막에는 회색 셰틀랜드 실이 모자랄 것이므로 쉽울로 뜰 것이다. 이렇게 하면 초반에는 편물이 조금 울겠지. 왜냐하면 셰틀랜드 실 100코는 16$\frac{1}{2}$인치(42cm)인데, 1인치에 5코가 들어가는 쉽울은 100코가 20인치(50cm)이기 때문이다. 그래서 마지

□ 회색
× 갈색
− 회색(안뜨기)
✖ 갈색(안뜨기)

굵기가 다른 두 실로 뜨는 아동용 스웨터의 테두리 무늬
(아래에서 시작. 오른쪽에서 왼쪽으로 진행.
점 찍은 부분에서 되돌아옴)

막 세 단을 뜰 때는 겉뜨기 2개, K2tog를 해서 콧수를 25% 줄여 75코만 뜰 것이다. 왜냐하면 첫째, 새로 연결한 실이 더 굵은 데다 둘째, 가터뜨기는 가로로 늘어나는 경향이 있고 셋째, 어떤 스웨터든 밑단은 단단히 잡아줘야 하기 때문이다. 좋다. 이제 안뜨기를 한 단 더 뜨고 겉뜨기를 두 단 뜬 뒤 다시 안뜨기 한 단, 겉뜨기 한 단, 안뜨기 한 단을 뜬 다음 안뜨기로 코막음을 해 끝내겠다. 내가 뜨고 올 동안 잠시 기다려라.

다 됐다. 세틀랜드 실로만 떴다면 이렇게 급격하게 줄이지 않아도 됐을 텐데. 코막음을 안뜨기로 했더니 엄청나게 헐렁했던 코가 단정해졌다. 성인 스웨터였다면 당연히 테두리를 더 길게 뜰 것이다. 그리고 코를 줄이기 전, 초반의 안뜨기 두 단 사이에 겉뜨기 단을 대여섯 단쯤 넣겠다. 이렇게 하는 것도 괜찮을 것 같다. 이런 테두리가 혁신적이라고는 감히 말하지 않겠다. 태양 아래 새로운 것은 없으니까. 하지만 어디서도 본 적이 없다는 말은 하고 싶다.

필요는 발명의 어머니다. 이 책에 쓰기에는 너무 늦게 '발명'될 어떤 것들을 생각하니 슬프다.

밑단 테두리를 만드는 다른 좋은 방법은 겹단을 만드는 것이다. 겹단은 지난 십여 년간 제법 사랑받았지만 나는 아직 정교하게 디자인된 겹단을 만나지 못했다. 대부분의 겹단은 개탄스럽게도 늘어지는 경향이 있지 않은가. 아주 가끔, 작은 바늘로 코를 쫀쫀하게 뜨라고 충고하는 도안이 있기는 하다. 하지만 겹단의 안쪽 콧수를 스웨터 몸통보다 적게 잡으라고 충고하는 도안은 왜 없을까. 10% 적게 잡거나 원한다면 그보다 더 적어도 괜찮다. 몸통이 200코인 스웨터라면, 겹단 안쪽은 180코만 잡은 뒤 겹단을 1인치(2.5cm) 정도 뜨다가 K9, M1을 계속한다. 한 단을 더 겉뜨기한 다음 접히는 부분이 깔끔하도록 안뜨기 한 단을 넣어라. 그런 뒤 몸판을 향하여 출항하자.

내가 가장 좋아하는 방법은 이걸 거꾸로 한 것이다. 일단 스웨터의 밑단부터 보통의 코잡기로 시작해서 겹단을 만들지 않고 위로 떠 올라간다. 그렇게 며칠 또는 몇 주를 걸려 몸통을 뜨는 동안 겹단에 관해 곰곰이 생각하는 것이다. 겹단만 다른 색깔로 할까? 환한 색으로, 아니면 은은한 색으로? 무난한 무늬를 넣어 볼까? 결정할 시간은 충분하다.

겹단을 시작할 때가 되면 코잡기 한 모든 코마다 겉뜨기를 한 다음 안뜨기를 한 단 뜰 수도 있고, 아니면 끈처럼 생긴 코 잡은 단의 뒤쪽에 바늘을 넣어 주워 뜰 수도 있다. 이렇게 하면 겹단의 접히는 부분이 깔끔하게 접혀서 안뜨기 단을 안 떠도 된다. 두 가지 방법 모두 코를 줄이기 전에 겉

코 잡은 단에서 코 뒤쪽으로 바늘을 넣어 주워 뜨기

뜨기를 한 단 떠야 한다. 그다음 콧수를 10% 줄이기 위해 K8, K2tog를 하자. 쫀쫀한 겹단을 원한다면 코줄임을 더 많이 해서 여러분에게 맞게 뜨면 된다. 각자의 판단대로 뜨자. 마음에 드는 작은 무늬를 넣을 수도 있고, 색깔을 다르게 할 수도 있고 또는 여러분이 뜬 것을 선물 받을 사람의 이름을 넣을 수도 있고 좌우명이나 격언, 적당한 가족 농담을 넣어도 된다. 모눈종이가 있다면 알파벳을 뜨는 일은 생각보다 어렵지 않다. 높이로는 다섯 단만 있으면 된다. 스웨터 둘레 전체를 채울 만큼 긴 이름은 많지 않으므로 첫 글자를 뜰 때마다 배색 실을 새것으로 바꾸자. 이 말은 곧 어느 쪽에든 다섯 가닥의 실만 꿸 수 있다는 뜻이다. 꽃이나 별로 빈 곳을 채우고 싶을 수도 있다. 하지만 LEON XUEYOJ* 같은 것은 뜨지 않도록 하자. 실제로 뜬 사람이

---

* 거꾸로 읽으면 JOYEUX NOEL. 프랑스어로 '메리 크리스마스'라는 뜻.

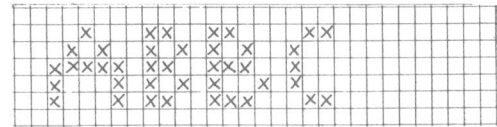

있다고 하던데. 텍스트가 어느 쪽으로 흐르게 할지는 스스로 결정해야 한다. 옷 입는 사람에게 보이는 방향으로 뜰 것인지 아니면 그걸 보고 감탄할 친구들에게 보이는 방향으로 뜰지. 나는 아직 결정하지 못했다.

겹단이 원하는 길이(1½인치(4cm) 이상)가 될 때까지 뜨고 코막음은 하지 마라. 나는 안 할 수 있다면 코막음을 하지 않는 편이다. 초급과 중급의 실력을 지닌 뜨개인도 코막음을 하지 않는 게 낫다. 어쨌든, 겹단의 코막음은 단단하거나 쫀쫀하기보다는 느슨하고 헐거운 편이 좋다. 적당한 길이로 실을 자른 뒤, 아주 크고 뾰족한 돗바늘에 실을 꿰어라. 이제 뜨개바늘을 코에서 빼자. 비명을 지르지 말고 침착하자. 코들이 어디로 도망가지 않는다. 이제 몇 번 시침질한다. 코를 너무 세게 당겨서 앞면의 시침질한 코들이 당겨진 모습이나, 너무 느슨하게 시침질해 접힌 선 아래로 밑단이 늘어진 모습보다 보기 싫은 건 없다. 코마다 빠짐없이 시침질을 해 코들이 여유 있게 자리를 잡도록 하자. 그렇게 하면 겹단은 필요한 만큼 탄력을 얻을 것이다.

자, 다 왔다. 다리미가 안쪽 면을 한 번 지나가게 하면 곱고 납작하고 늘어지지 않는 겹단을 만날 수 있다. 스웨터를 뜨는 실보다 가는 실을 썼다면 더 납작해졌을 것이다. 겹단 안쪽을 가는 실로 뜰 때도 나는 콧수를 10% 줄인다. 거의 늘 그렇게 한다.

겹단을 접는 가장 좋은 방법은 바늘 비우기와 K2tog를 번갈아 뜨는 것이다. 그렇게 구멍이 생긴 단은 섬세하고 자연스러운 접힘선이 된다. 여성복과 아동복에 잘 어울린다.

가짜 솔기 phoney seams

원통뜨기 스웨터 반대론자들은 (안타깝게도 이런 사람들이 좀 있다) 논쟁의 여지가 있는 한 가지 이론을 받아들인다. 바로, 솔기가 없으면 원통 스웨터의 앞뒤 판이 제대로 들어맞지 않을 것이라는 이론이다. 딱 들어도 틀린 주장이며, 가짜 솔기라는 깔끔하고 감쪽같은 기법으로 반박할 수 있다. 보통 가짜 솔기는 두 단마다 한 번씩 솔기 코를 걸러뜨기 해 만드는데, 이렇게 하려면 원통뜨기 스웨터를 뜨는 무념무상의 평화로운 순간에 계속 솔기를 신경 써야 하는 피곤함이 있다. 가짜 솔기는 몸판을 다 뜬 뒤에 만들 수 있어 더 재미있고, 무엇보다 내 뜨개의 보스boss는 나라는 사실을 잊지 않게 해준다.

가짜 솔기

　코막음을 하기 전에 정확히 옆선이 될 부분의 솔기 코를 찾아라. 그리고 솔기 코를 몸통 또는 소매의 1단까지 풀어낸다. 이렇게 풀린 코들은 좀 무시무시한 달리기 선수 같다. 코바늘을 쥐고 1단의 코를 주워 다음 두 단의 실에 한꺼번에 걸어 빼낸다. 다음에는 한 단의 실에 걸어 빼낸다. 다시 두 단의 실에, 다시 한 단의 실에 걸어 빼내기를 반복해 맨 윗단까지 간다.

　편물의 2/3단 만큼의 "솔기"가 생겼다. 이렇게 하면 눈에 띄는 수직 이랑이 만들어지는데, 약간 밀려 들어간 것처럼도 보인다. 무엇보다 거부할 수 없다. 보기에 좋을 뿐 아니라 스웨터를 접거나 블로킹을 해야 할 때도 엄청나게 도움이 된다.

　이미 완성한 낡은 스웨터에도 가짜 솔기를 만들 수 있다. 겨드랑이 부분의 코 하나를 싹둑 잘라 거기서부터 아래로 코를 풀어 내려가라. 자른 코는 나중에 잇기로 수정하면 감쪽같다. 단, 소매의 경우 달리기 선수가 소매의 코 줄인 부분을 타고 달려 내려가지 않도록 조심하자. 이렇게 될 것 같으면 달리기 선수를 멈춰 세워야 한다. 소매의 줄임코 혹은 늘림코 사이에 세 개의 겉뜨기 코를 두는 이유는 이러한 만일의 사태에 대비하기 위해서다.

주머니

어떤 훌륭한 뜨개 책에도 나오지 않는 주머니를 하나 알고 있다. 나는 이걸 '나중에 생각하는 주머니Afterthought Pocket'라고 부른다. 옷을 다 뜰 때까지 고민할 필요가 없기 때문이다. 잘 블로킹 된 새 스웨터를 입고 거울에 비춰본 뒤 주머니를 하나 만들어 달라고 소원을 빌어라. 여러분의 소원은 충분히 이루어질 만하다. 주머니를 어디에 만들지 결정하자. 나는 주머니에 손을 넣었을 때, 내 가운뎃손가락이 골반뼈에 오는 걸 좋아한다. 정확한 지점에 표시하자. 이제 가장 무서운 부분! 거기서 코 하나의 한 가닥을 싹둑 잘라라. 반대편 골반뼈 부분에서도 똑같이 잘라라. 두 개의 끊

찍한 구멍이 생겼다고 생각할 것이다. 하지만 그렇지 않다. 잘린 코의 좌우로 10코씩 조심스럽게 풀면 깔끔하게 20코가 풀려 있을 것이다. 구멍 주위에는 주워 달라고 애원하는 40개의 코가 있다. 이 코들을 줍는다. 세 개의 양말바늘을 준비해서 두 개는 위에, 하나는 아래에 걸자. 실과 네 번째 바늘을 쥐고 오른쪽부터 시작해 겉뜨기하자. 아래쪽 코의 첫 번째 단을 안뜨기한다는 것을 기억한다면, 주머니 시작 부분이 깔끔하게 접혀 보기 좋을 것이다. 원하는 깊이의 주머니가 되도록 충분히 겉뜨기했다면 앞면과 뒷면을 이은 뒤(또는 꿰맨 뒤), 주머니가 자리를 잡도록 안쪽으로 넣어 성돈한다. 풀어낸 실로 두 모서리를 정리하자. 이 정도면 스스로가 자랑스럽지 않은가. 계속 그렇게 하면 된다. 달고 싶었던 어느 자리에든 주머니를 달자. 주머니만 색깔이 다르다면 원래 다른 색 주머니를 만들려던 척하면 된다. 내가 옛날 스웨터에 달려 있던, 말도 못하게 늘어진 주머니 한 쌍을 떼어냈다는 사실은 이미 알려져 있다. (맞아요, 버지니아. 누구에게나 일어날 수 있는 일이죠.) 그리고 더 높은 위치에 다시 달았다는 사실도. 원래 주머니에서 코를 잘라 풀어내서 자국이 전혀 남지 않았다. 다른 색상의 실로 비슷한 주머니를 계획했다고 해서 옛 주머니를 흔적도 없이 없애버려야 하는 것은 아니다. 반드시 계획대로 해야 하는 게 아니라면 굳이 계획을 세워야 할 이유가 있을까? 여러분은 뜨개에 너무 많은 시간을 보내고, 뜨개를 하면서 생각이 너무 많다. 지나치게 많은 세부사항에 지레 매몰되지 않는 뜨개가 얼마나 만족스러운지 느껴보기를. 단순한 일을 반복하는 동안 머릿속에 떠오른 새로운 아이디어를 나중에 통합하는 일이 얼마나 즐거운지도.

단춧구멍

최근 단춧구멍에 대한 아이디어가 마구 쏟아지고 있어서 단춧구멍 만들기에 실패할 명분이 없다. 여러분은 분명 1단 단춧구멍의 여러 버전 중 하나에 익숙할 것이다.

내가 지금까지도 늘 사용하는 나만의 3단 단춧구멍이 있다. 1단. 필요한 만큼 코막음을 한다. 보통은 세 코다. 2단. 코막음 한 것과 같은 수의 감아코를 만든다. 앞단에서 코막음 한 것 중 첫 번째 코를 줍는다(왼쪽 바늘 첫 번째 코와 연결된 실이어야 한다). 이 코를 왼쪽 바늘에 두고 두 코를

3단 단춧구멍

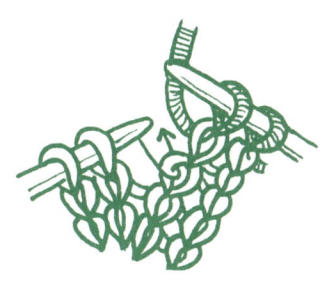

되돌아뜨기를 하기 위해 편물 뒤집기

한 번에 겉뜨기로 뜬다. 3단. 간단하다. 세 개의 코 잡은 부분에 오면 감아코를 모두 꼬아뜨기 한 뒤 바로 다음 코 하나도 꼬아뜨기로 뜬다. 단춧구멍 완성.

늘어진 코를 당기는 두 가지 기법(늘어진 코를 주워서 옆에 있는 코와 함께 겉뜨기하는 방법과 꼬아뜨기 하는 방법)은 진리라는 사실을 여러 번 실감할 것이다. 첫 번째 방법은 단의 중간에서 편물을 뒤집어 뜨느라 구멍이 생겼을 때 도움이 된다(가장 늘어진 실을 주운 뒤 적절한 코와 함께 겉뜨기를 하는 방법). 두 번째 방법은 양말의 발목 부분에 구멍이 났을 때 도움이 된다(늘어진 코를 꼬아뜨기 하는 방법). 이런 작은 요령이 공예를 재미있게 한다. 친구에게서 혹은 싫어하는 사람에게서 이런 방법을 배우는 사람도 있고, 스스로 발견하는 사람도 있다.

단춧구멍을 만드는 방법은 또 있다. 아직 어디에서도 선

보인 적이 없고 고안한 지 1년밖에 안 된, 썩 대단치 않은 방법이다. 주로 경험 많고 용기 있는 뜨개인에게 적당하다. 이 기법이 여러분에게 패기를 심어줄 것이다. 이것은 막대바늘로 스웨터의 몸통과 테두리를 한 번에 뜨는 경우, 단춧구멍을 어디에 만들어야 할지 알 수 없을 때 써먹기에 유용하다. '나중에 생각하는 주머니'(80쪽)를 떠올리며, 단춧구멍이 있어야 할 곳의 중앙에 있는 실 한 가닥을 자르자. 그리고 조금만 풀어낸다. 위아래에 각 세 코 정도면 충분하다. 꿰매는 코막음(56쪽)을 떠올리며 실행해 보자. 아랫단의 마지막 코까지 왔으면 바로 옆에 있는 한 코(풀지 않은 코)를 같은 방법으로 처리한 뒤 윗단으로 올라간다. 처음과 끝부분은 쫀쫀하게 정리한다. 바늘에 짧은 실을 연결하고 요령 있게 바늘을 움직이며 마무리 짓자. 이 단춧구멍 만들기는 실제로 해보면 생각보다 까다롭지 않지만, 그래도 실제 스웨터에 적용하기 전에 여러 번 연습하는 편이 좋

나중에 생각하는 단춧구멍

다. 작품 실과 어울리는 가는 실로 만들어도 좋다. 만약 여의치 않다면, 실을 가른 뒤 갈라진 실을 단단히 꼬아서 작업하면 된다. '코잡기식 코막음'(58쪽)을 마스터했다면 이 기법도 한번 시도해 보기를.

이 단춧구멍의 큰 장점은 옷을 완성한 뒤에도 단춧구멍을 만들 수 있고, 원하는 위치가 어디인지 정확히 알 수 있다는 점이다. 밑단에서 위로 올라가면서 단춧구멍을 만들 때는 정확히 어느 위치에 만들어야 할지 결정하기가 쉽지만은 않다. 가끔은 가장 위 단춧구멍과 그 바로 아래 단춧구멍이 너무 가깝게 붙어 있거나 불안할 만큼 멀리 떨어져 있기도 하다. 이런 딜레마에서 벗어나는 한 가지 방법은 당연하게도, 단춧구멍 쪽이 아니라 단추 다는 쪽을 먼저 만드는 것이다. 몸에 대보면서 원하는 간격이 되도록 조정하자. 그러면 반대쪽에서 단춧구멍을 만들 때는 위치만 맞추면 된다.

내가 아는 최고의 실 가르기 방법

볼에서 1야드(약 90cm) 정도 실을 푼 뒤, 바늘을 꽂아 고정해둔다. 의자에 올라가서 가른 실을 두 손에 나눠 쥐고 살며시 잡아당긴다. 볼이 어지럽게 회전하며 실이 풀릴 것이다. 이 과정을 계속 반복하자. 생각보다 빠르고 효과적이다. 위풍당당한 계단이 있는 장엄한 저택에 산다면 한 번에 꽤 길게 풀어낼 수 있다. 그렇게 치면 높은 빌딩의 꼭대기가 더 나을 것 같지만, 바람에 휘둘려 짓궂은 상황들을 만나게 될 것이다.

몇 단 아래에서 발견되는 작은 두통거리들

꼬인 코, 빠진 코, 실이 갈라진 코 그리고 실수로 만들어진 코는 믿음직스러운 코바늘로 말끔히 해결할 수 있다. 잘못 떠진 코가 어디에 있는지 찾아내 그 지점까지 뜬 다음, 문제가 된 코가 있는 단까지 달리게 하자. 사실 "달린다"는 표현은 정확하지 않다. 생각과 달리 빠진 코가 마치 올이 나간 스타킹처럼 아래로 죽 풀리지는 않기 때문이다. 기껏해야 한두 단 아래에 매달려 애처롭게 신음하며 주워지기를 기다릴 것이다. 한두 단보다 더 아래에 있다면 손을 써야 한다. 문제가 발생한 위치까지 갔으면, 오류를 수정하고 코바늘로 걸어 올려라. 겉뜨기 코와 안뜨기 코가 섞인 무늬라면, 앞면에서 끌어올려야 할지 뒷면에서 끌어올려야 할지는 여러분의 지능으로 충분히 알 수 있을 것이다. 처음에 잘 안 된다면 풀고 다시 하자. 하다 보면 완벽하게 될 것이고 그럴 수밖에 없다. 여러 단 아래에 빠진 코가 있다면 수정하기가 다소 어려울 것이다. 몇 단을 뜨는 동안 코가 빠졌다는 사실을 몰랐을 테고, 따라서 코바늘을 걸어 다음 단으로 한 코를 끌어올리기에 실이 충분하지 않을 테니까. 이럴 때는 각 단의 좌우에서 실을 조금씩 당겨 와서 실에 여유분을 만들어야 한다.

불필요하게 만들어진 코를 없애야 하는 경우는 그 반대다. 코를 풀어 느슨해진 부분을 좌우로 당겨서 남는 실을 양옆에 흡수시켜야 한다. 뜨는 틈틈이 제대로 떠졌는지 편물을 확인하자. 그래야 빠진 코가 없는지 알 수 있고, 행여 있더라도 제때에 발견할 수 있다.

나는 예전에 거의 완성한 스웨터의 시작 부분에서 꽈배기가 반대로 꼬인 것을 발견한 적이 있다. 여섯 코나 되는 거대한 달리기 선수들을 잘못 떠진 곳까지 달리게 한 뒤 짧은 양말바늘로 코를 주워 꽈배기를 수정하고, 오른쪽에서 왼쪽으로 여섯 코씩 위로 떠 올라갔다. 블로킹을 하기 전까지는 삐뚤빼뚤해 보였지만 스팀을 하고 나니 가지런해졌고, 나중에는 전혀 눈에 띄지 않았다.

하지만 나는 이 문제를 더는 이렇게 두지 않을 생각이다. 대신 문제가 있는 코의 몇 단 위에 있는 코를 싹둑 잘라 코를 풀어낸 다음 오류를 수정하고 다시 떠 올라간다. 그리고 잘라낸 코를 잇기 방식으로 마무리한다. 나는 내 뜨개의 진정한 보스다. 스웨터에 지워지지 않는 얼룩이 묻었을 때도 너무 큰 얼룩이 아니라면 이런 방법으로 문제가 있는 코를 한 번에 하나씩 추출하고 교체해 오류를 제거하고는 한다.

실 연결하기

짐머만 씨, 새 실을 연결할 때 어떻게 하세요? 늘 솔기 부분에서 새 실을 연결하나요? 내 스웨터에는 솔기가 없다. 게다가 재료를 아끼는 뜨개인으로서 조금의 실도 낭비하고 싶지 않다.

짐머만 씨는 가른 실을 양손에 나눠 쥐고 꼬나요? 그러기에는 내가 너무 게으르다. 완벽하게 해내기에는 골치 아픈 방법이기도 하고.

짐머만 씨는 실을 묶나요? 맙소사, 매듭을 말하는 것인지? 나는 새 실을 연결할 땐 언제나 헌 실과 새 실을 한꺼번에 잡고 한 코를 뜬 뒤 실 꼬리를 3인치(7.5cm) 정도 남기고 뒷면에 둔다. 실 꼬리는 나중에 크고 뾰족한 돗바늘로 1인치(2.5cm) 정도 꿰맨 뒤에 싹둑 잘라 버린다. 이걸 앞면에서 해낸 사람이 있다면 부디 알려주기를. 완벽주의자라면 이 두 겹으로 된 코의 양쪽 끝을 잡고 반평매듭half a square knot을 만든 뒤 그 위로 조심스럽게 실을 정리할 것이다. 물론 앞면의 장력을 꼼꼼하게 확인한 뒤에.

다른 색상의 실을 연결해야 한다면 위의 방법은 당연히 비현실적이다. 두 가지 색으로 된 두 겹의 코는 보기 흉할 수 있기 때문이다. 나는 이제 막 새로운 색 실을 뜨기 시작했는데, 두 가닥의 실 꼬리가 편물 뒤에 느슨하게 매달려 있다. 뜨기가 끝나면 돗바늘로 실을 정리하기 전에 (장력을 매우 조심스럽게 조절한 후) 맞매듭square knot을 만들어야 한다. 왜 같은 색 실이 아닌 다른 색 실로 이렇게 하는지는 말할 수 없다. 그냥 미신 같은 것인지도. 하지만 한 가지는 분명하다. 매듭을 그냥 뜨면 절대 안 된다는 사실. 그렇게 만들어진 매듭은, 아무리 신경 써서 뒷면에 둔다 해도 끝내 앞면으로 튀어나와 여러분을 괴롭힐 것이다. 간혹 새 실에서 매듭을 발견하면 마치 신성한 무언가라도 되는 양 그대로 살려 겉뜨기하는 경향들이 있는데 제발 그러지 말기를. 매듭이 나오면 실을 자르고 새로운 실을 연결할 때처럼 하자. 실에 유독 매듭이 많다면(세 개 이상이라고 치자) 실 제조사에 로트 번호를 알려주자. 자세가 된 사람이라면, 여러분에게 고마워할 것이다.

이제 내가 늘 우쭐대며 이야기하는 뜨개 철학을 말할 차례다. 철학이 원래 그렇듯 내 뜨개 철학도 몇 마디로 표현하기는 어렵다. 뜨개의 주요 목적은 즐거움과 만족감이다. 거기에 절약과 창의성, 산업이라는 외관, 그리고 무엇보다 풍부한 기지resourcefulness가 따라가야 한다.

핵심은 아마도 풍부한 기지일 것이다.

원시 사회에서는 우유, 고기, 가죽을 얻기 위해 양떼를 몰았다. 가시나무와 찔레*에서 실을 모아 실타래로 만드는 일은 얼마나 기지 넘치는 일인가. 두 개의 막대로 매듭과 고리를 만들어 시험해 보고, 엉킨 무언가를 일정한 형태의 편물로 만들어내는 일은 또 얼마나 기지를 발휘하는 일인가. 베틀은 집에서만 해야 했지만 뜨개는 목동도, 선원도, 들에 나간 여인도, 손이 한가하다면 누구라도 언제든 할 수 있었다.

오늘날에도 뜨개는 때때로 찾아오는 기다림의 순간을 채워준다. 무언가를 마냥 기다리는 지루한 시간, 커피가 끓기를 기다리는 시간, 차 안에서 대기하는 시간, 낚싯대를 드리우고 입질을 기다리는 시간, 가족이 좋아하는 프로그램이 끝나 내가 원하는 채널로 바꿀 수 있을 때까지 기다

---

* 양들이 가시나무나 찔레처럼 뾰족한 식물 곁을 지나가면 가시 끝에 양털이 조금씩 걸리는데, 이런 털을 주우러 다니는 일을 '양털 모으기 wool gathering'라고 부른다. 이동 거리가 긴 것에 비해 모을 수 있는 털의 양은 매우 적기 때문에 생산성이 낮은 노동에 속했고, 그래서 노파나 허약한 사람들만 이 일에 종사했다는 편견이 생겨나 영어에서 wool gathering은 부질없는 공상에 빠지거나 멍하게 있는 일을 일컫는 관용 표현으로 쓰인다. 하지만 이 문장을 통해 짐머만은 양털 모으기 노동을 높게 평가하고 있음을 알 수 있다. 실제로 "Wool Gathering"은 채택되지 못한 이 책의 가제 중 하나였으며, 그의 딸 메그 스완슨이 발행하고 있는 뜨개 잡지의 이름이기도 하다.

리는 시간, 누구에게나 저마다의 기다리는 시간이 있다. 매일 차를 타고 출퇴근하는 사람이 출퇴근 시간에 뜨개를 한다면 일주일에 양말 한 짝을 완성할 수 있다. 상상해 보자! 일 년에 양말 25켤레라니. 25개의 크리스마스 선물이 해결됐다. 대부분의 남자들이 제대로 된 양말을 얼마나 갈망하는지 아는지? 어떤 남자들은 나와 잘 아는 사이가 아닌데도 내가 그들의 짝 잃은 양말에 그럴듯한 짝을 만들어줄지도 모른다는 기대감을 끊임없이, 아쉽다는 듯 그리고 노골적으로 드러낸다. 그럴 때도 있기는 하다. 내 남편은 양말이 하도 많아서 내가 양말을 수선할 필요가 없을 정도다. 마치 결혼하는 여자들이 십여 장의 시트와 타월을 가지고 있는 것과 비슷하다. 알겠지만 이런 것들이 할인 판매대에 올라오는 일은 결코 없다.

그리하여 지루한 시간을 견디기 위해 뜨개가 있다. 인간 정신의 버팀목으로서 뜨개는 상당히 효과적이다. 가족이 따뜻하고 편안하며 몸에 잘 맞는 옷을 근사하게 차려입은 모습을 보는 건 얼마나 흐뭇한 일인지. 때가 되면 그 옷은 형제자매에게 물려질 것이다. 아이에게 "여기 시배스천이 입던 낡은 스웨터가 있는데 이제는 네가 헤질 때까지 입으렴."이라고 말하지 말자. 대신 이렇게 말하자. "시배스천이 너무 빨리 자라서 가장 좋아하던 이 예쁜 스웨터를 더는 입을 수가 없어. 잘 세탁하고 수선해서 비닐 안에 넣어 두었다가 네가 사이즈가 맞을 만큼 크면 입자." 풍부한 기지를 발휘했냐고? 당연하다. 카디건을 만들 때 나는 늘 앞섶 밴드 양쪽에 단춧구멍을 만든다. 남아용이든 여아용이든 쉽게 수선할 수 있도록 하기 위해서다. 여자아이는 남자아이 옷을 입기를 좋아하지만, 이상하게도 그 반대는 아니기 때문이다.

나는 가장 좋아하는 스웨터는 아직 만들지 않았다고 굳게 믿는다. 늘 최신 디자인의 뜨개옷을 만들기 위해 야단법석을 피우는 편인데, 특히 대부분의 뜨개인이 싫어하는 두 가지, 안뜨기와 꿰매기를 구조적으로 무리 없이 기지를 발휘해 제거하는 것을 좋아한다. 그중에서도 두 번째, 그러니까 꿰매기에 대한 거부감은 너무 심해서 돈을 주고 다른 사람에게 맡길 정도다. 부디 꿰매기를 못한다고 말하지 말자. 안 하는 것뿐이다. 나는 이 말을 들을 때마다 "나는 늘 뜨개를 하고 싶었지만 하지 못했다"라는 말을 들을 때처럼 화가 난다. 과연 그럴까? 당신은 식단을 짤 수 있는가? 머리를 묶어 올리는 일은? 타이핑을 하고, 문법에 맞게 문장을 쓰고, 카드를 섞을 수 있는가? 이 모든 일이 뜨개보다 어렵다. 그냥 뜨개가 싫으면서 왜 아닌 척을 하는지. 뜨개를 강요하는 사람은 없으니 부디 다른 일을 하기를.

심리스 원통 스웨터는 안뜨기와 꿰매기라는 두 가지 문

제를 모두 해결해 주며 논리적이기까지 하다.

 인간의 몸은 몇 개의 원통을 연결하면 완전히 덮일 수 있는 구조로 되어 있다. 재단사와 드레스 제작자는 납작한 직물로 훌륭하고 능숙하게 원통을 만든다. 그들의 작업은 그저 놀라울 따름이다. 우리 소박한 뜨개인은 원통뜨기라는 공예 본능을 살려 이상적인 원통을 만들 수 있다. 자유자재로 늘이고 줄이는 기술을 사용해 원통의 형태를 만들고 심지어 구부릴 수도 있다. 솔기와 거싯과 다트 없이 말이다. 해결해야 할 문제는 원통을 이어 합체하는 것뿐이다. 내킬 때는 다리 여덟 개 달린 문어에게 줄 속바지도 만들어줄 수 있다.

 이 책의 뒷부분에 내가 디자인한 심리스 스웨터를 순서대로 몇 가지 실었다. 첫 번째는 클래식한 드롭 숄더 스키 스웨터인데, 진동에서 편물이 단절되기 때문에 완전한 심리스는 아니다. 진정한 심리스는 요크, 래글런, 새들 숄더, 그리고 새로 만든 하이브리드 스웨터다. 이 정도면 완성된 것 같은데, 전에도 그런 줄 알았다가 아닌 적이 있었다. 그러니 누가 알겠는가?

 수백, 수천 명의 뜨개인에게 꾸준히 사랑받고 있는 이 편하고 기능적인 심리스 스웨터가 사실은 안뜨기와 꿰매기에 대한 내 순전한 혐오감에서 탄생했다는 사실을 이제 온

세상이 알게 되었다.

이제부터 설명할 도안은 모두 1인치에 5코 게이지로, 200코 40인치(102cm) 스웨터 기준이다. 뜨는 사람에 따라 색상이나 게이지와 콧수를 변경해 무한히 바꿀 수 있다. 평균적인 치수로 잡기는 했지만, 평균이란 대체 누구를 말하는 건가 싶을 때가 있다. 이 스웨터들 중 하나를 만들어 본 후에는, 당신의 취향이나 착용할 사람의 몸매에 맞게 비율을 조금씩 바꾸어 보고 싶을지도 모른다. 마음 가는 대로 만들어라. 여러분이 내 도안을 그대로 뜬다면 내 노력이 실패한 것이다. 도안은 그저 가이드일 뿐이니 스스로 디자이너가 되어라. 세상에 똑같이 뜨고 똑같이 보고 똑같이 생각하는 사람은 없다. 그런데 어떻게 똑같은 결과물이 나올 수 있겠는가. 여러분의 스웨터는 오로지 여러분이 가장 좋아하는, 개성 있는 레시피로 만들어져야 한다. 누구의 것과도 비슷하지 않게.

모든 좋은 것들이 그런 것처럼.

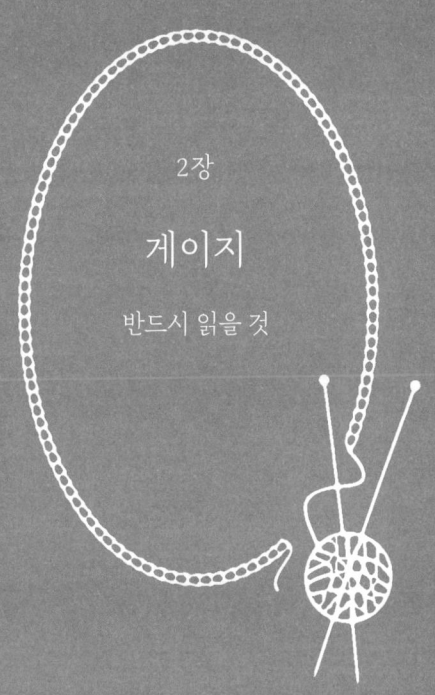

2장

게이지

반드시 읽을 것

Knitting

뜨개에 아직 미숙하거나 뜬 결과물이 마음 같지 않은 뜨개인이라면 (짧고 간결한) 이 장을 꼭 읽어야 한다. 그렇지 않으면 전부 잃을 것이다.

게이지는 뜨개에서 가장 중요한 원리다.

게이지란, 사용하려는 실과 바늘로 떴을 때 다른 누구도 아닌 바로 여러분의 손땀으로 1인치(2.5cm) 안에 들어가는 코의 수를 의미한다.

모든 실에는 주어진 용도에 맞는 최적의 게이지가 있으며, 이 게이지는 모든 도안의 시작 부분에 제공된다. 이 게이지에 도달하는 것이 중요하다. 게이지가 안 맞는다면 바늘을 바꿔가며 게이지를 맞추자.

기존에 알려진 뜨개 상식과의 충돌을 무릅쓰고, 뜨개 책에서 권장하는 바늘 사이즈는 무시해도 된다는 점을 강조해도 될까? 그것은 일반적인 제안으로만 받아들여야 한다.

느슨하게 뜨는 사람이 있는가 하면 쫀쫀하게 뜨는 사람이 있는 것처럼 사람마다 뜨개를 다르게 하기 때문에 모든 사람에게 같은 굵기의 바늘을 추천할 수는 없다. 유감스럽게도 가끔 도안의 권장 바늘이 너무 굵을 때도 있다. 이 경우, 의심할 줄 모르는 초보자라면 원하는 게이지를 맞추기 위해 매우 쫀쫀하게 떠야 할 것이다.

예를 들어, 5mm 바늘에 워스티드 굵기의 실이라면 1인치(2.5cm)에 5코 게이지를 권장한다. 나는 적당히 느슨하게 뜨는 편인데, 세 사이즈 작은 바늘인 3.75mm 바늘로도 같은 게이지를 쉽게 얻을 수 있다. 책에 그렇게 나와 있다고 해서 5mm 바늘로 잔뜩 긴장하며 뜰 이유는 없다는 게 내 생각이다. 나는 느슨한 뜨개를 즐기기 때문에 가는 바늘로도 같은 게이지를 얻을 수 있다. 여러분도 해보기를 권한다.

프로젝트를 시작할 때는, 코를 잡기 전에 스와치swatch*를 만들어야만 자신의 게이지가 몇 코인지 알 수 있다. 번거로운 일이라는 걸 잘 안다. 더 큰 스와치, 그러니까 모자 같은 것을 떠서 스와치 대용으로 사용하면 어떨까. 모자는 유용하기도 하고 꽤 인기도 끌 수 있다. 스웨터를 시작하기 전에 모자를 반드시 끝내야 하는 것은 아니다. 몇 인치만으로도 게이지를 알기에는 충분하다.

원통뜨기에는 스와치보다 모자가 좋다. 어떤 뜨개인은

---

* 실의 게이지와 특성, 편물의 느낌 등을 보기 위해 시험 삼아 뜨는 정사각형 모양의 편물.

안뜨기보다 겉뜨기할 때 더 쫀쫀하게 뜨기도 한다. 물론 그 반대인 뜨개인도 있다. 원통뜨기 모자는 원통 스웨터를 뜰 때와 마찬가지로 겉뜨기로만 계속 뜨면 된다.

자, 이제 도안이 지정한 게이지가 1인치에 5코라면, 40cm 줄바늘로 약 90코 정도를 잡아라. 그리고 도안에 있는 무늬를 3~4인치 뜨자. 바늘을 제거한 뒤 평평하게 둔다. 자를 이용해 스와치의 중간쯤에서 3인치를 잰다. 3인치를 이루는 부분의 첫 코와 마지막 코에 핀으로 표시를 한다. 조심스럽게 두 핀 사이의 콧수를 센다. 한 코는 이렇게 ♡ 보일 것이고, 두 코는 이렇게 ♡♡ 보일 것이다. 반코나 1/3코가 나와도 무시하지 말고 꼭 세자.

3인치 안에 들어간 콧수를 세어 3으로 나누자. 결과는 아마 아래와 같을 것이다.

15코일 경우 3으로 나누면 게이지는 1인치에 5코.

16코일 경우 3으로 나누면 게이지는 1인치에 $5\,1/3$코.

14코일 경우 3으로 나누면 게이지는 1인치에 $4\,2/3$코.

자, 1인치에 5코가 필요한 도안을 뜨고 있다면, 정확하게 그 게이지에 도달해야 한다. 그렇지 않으면 사이즈가 다른 스웨터가 나온다. 40인치 둘레에 200코가 필요한 스웨터를 뜨는데 게이지가 1/4코만 벗어나도 2인치 이상 크거나 작아진다.

그러니 3인치에 15코가 꼭 맞다. 3인치에 16코는 너무 쫀쫀하고, 3인치에 14코는 너무 느슨하다.

정확하게 3인치 안에 15코가 나올 때까지 바늘 굵기를 바꾸자.

직접 만든 도안이라면 훨씬 독립적으로 뜰 수 있다. 더 쫀쫀하거나 더 느슨한 게이지를 선호할 수도 있다. 다음으로 여러분이 할 일은, 완성할 스웨터 둘레에 게이지를 곱하는 일이다. 그렇게 하면 잡아야 할 콧수가 나온다.

간단하다.

하지만 무척 중요하다.

2장 끝.

(덧1. 스와치 대용으로 뜬 모자는 스웨터를 다 뜨기 전까지 완성하지 않는 편이 좋다. 어쩌면 실이 모자라서 모자를 풀어야 할 수도 있으니까.)

(덧2. 어떤 도안은 콧수뿐 아니라 단수 게이지도 제시한다. 나는 아직 단수 게이지를 유용하게 활용한 적이 없다. 세로 길이는 단수보다 인치로 말하는 게 훨씬 편하기 때문이다.)

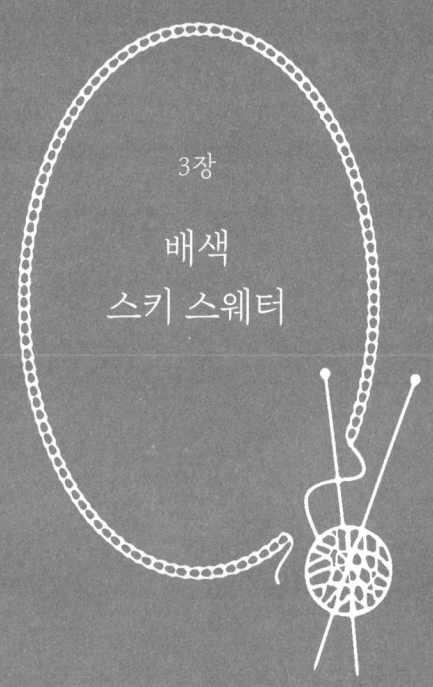

3장

배색
스키 스웨터

Knitting

모든 일은 아이들이 스키 스웨터를 입고 싶어 하면서 시작됐다. 스키 스웨터가 한창 귀한 취급을 받던 시절로 거슬러 올라가는데, 가끔은 웃기게 생긴 걸로 귀한 취급을 받을 때도 있었다. 그런 스웨터의 가슴 부분에는 가지가 무성한 크리스마스트리나 서로를 향해 깡충거리는 사슴 무늬가 들어갔다. 앞판, 뒤판, 소매를 따로 뜨기 때문에 한 단 걸러 안뜨기를 해야 하는데, 그 말인즉슨 2단마다 한 번씩 실을 앞으로 가져오며 뒤판에서 배색 무늬를 떠야 한다는 뜻이다. 진동 형태와 소매 캡을 만들고, 가끔은 가슴과 소매에 있는 무늬가 일치하도록 수고를 들여 디자인된 것도 있었다. 어깨선은 종종 처져 있었다.

나는 그런 초라한 물건은 만들지 않기로 했다.

우리 가족에게는 빈티지한 멋을 자랑하는 진짜 노르웨지안 스웨터가 있었다. 그 스웨터의 앞섶 밴드를 수선할 때마다 무성한 실 꼬리와 마주했는데, 그건 줄바늘로 원통뜨기를 한 다음 잘라낸 흔적이었다. 진동의 솔기 부분을 자세히 보니 그곳에도 역시 실을 자른 흔적이 있었다. 이 스웨터를 뜬 뜨개인은 앞판과 뒤판을 따로 뜨는 방식에 복종하지 않은 게 분명했다.

이 사실에 힘입어, 그리고 노르웨이인이 했다면 영국인도 따라 할 수 있다는 확신에 가득 차 나는 실버그레이 헤더 색감의 워스티드 굵기의 실로 비슷한 수의 코를 잡은 뒤 줄바늘로 정성스럽게 고무단을 30단 떴다. 배색 실로는 마침 근처에 널브러져 있던 흰색 실을 선택했다. 그 흰색 실의 양이 충분하지 않았다는 말을 해야 할까? 흰색 실에도 로트 번호가 있다는 사실을 그때 알았다는 것도? 나는 클래식한 '유스Ljus' 실로 시작했는데(4코마다 한 번씩, 그리고 4단마다 한 번씩 흰색 코가 들어간다) 여차저차 재주를 부려 편물의 안쪽 장력을 느슨하게 유지할 수 있었다.

하지만 대부분의 뜨개 도안이 시키는 대로 "뜨던" 실 아래에서 "새" 실을 주웠더니 머지않아 두 가닥의 실이 말도 못하게 엉켰다. 이런 결말이라면 노르웨이인은 장갑 한 짝을 뜨고서 뜨개를 포기했겠다 싶었다. 나는 실이 엉키지 않게 하려고 두 가닥의 실이 서로 "꼬이지 않도록" 각각 위와 아래에서 번갈아 실을 가져오는 방법으로 떴는데 이것이 통했다.

뜨개 책 저자들이 단체로 나를 고소할지도 모르겠다. 하지만 나는 실을 꼬아야 한다는 지시는 완전히 불필요하다고 본다.

그건 어쩌면 실을 보빈에 감아 쓰던 아가일 시대의 유물일 수도 있다. 필요하지 않을 때는 배색 실을 걸치는 것이 아니라, 배색 실과 주요 색상 실을 한 번 꼰 뒤 다시 필요해질 때까지 그 자리에 매달아 두는 방법 말이다. 이렇게 하려면 실을 꼬을 수밖에 없다. 여러 가지 색이 들어가는 작은 작품을 여러 개 떠서 연결해야 한다면, 가장자리에서 실들을 꼬아 연결해야 한다. 그렇게 하지 않으면 편물들이 서로 연결되지 않은 채 제각각인 상태로 남아 있을 것이다.

하지만 노르웨지안 배색 무늬와 스코틀랜드 아가일 무늬는 둘 사이에 놓인 북해와 독일해 만큼이나 깊고 넓은 차이가 있다. 이 둘은 완전히 다른 기술이므로 혼동해서는 안 된다. 쓰던 실 아래에서 새 실을 가져오고 싶다면 그렇게 하자. 하지만 꼭 그럴 필요는 없다. 나는 내 목을 걸고 그 방법이 바람직하지 않다고 말하겠다.

이것이 뜨개 책이 늘 정답은 아니라는 사실을 입증해 준다. 뜨개 책에는 많은 정보가 실려 있지만 그것이 전부는 아니다. 뜨개 책에 실린 정보 중 필요한 것만 취하자. 내 말도 당연히 걸러서 들어야 한다. 여러분의 뜨개에 해당 사항이 없다면 신경 쓰지 말고 다른 정보를 찾아라. 뜨는 방법은 많다. 그중 틀린 것은 하나도 없지만, 적당하지 않은 것은 있다.

뜨개에는 옳은 방법도 틀린 방법도 없다.

좋은 뜨개 방법이란 곧 내게 맞는 방법이다. 실과 어울리고 무늬와 어울리며 여러분이 뜨려는 모양을 잘 살려주는 뜨개법이다. 여러분이 내게 "잘못 뜬 것 같다"고 말하며 편물을 보여주면, 나는 무늬가 부적절하다거나 기법이 적당하지 않다는 말만 들려줄 것이다. 코를 빠뜨리거나 drop stitch 코를 꼬아 뜨는 기법이 들어간 무늬도 있다. 있는 힘껏 쫀쫀하게 떠야만 뜰 수 있는 것이 있는가 하면 무기력할 정도로 힘을 빼고 느슨하게 떠야만 뜰 수 있는 것도 있다. 하지만 실을 가르며 뜨라고 말하는 도안은 아직 본 적이 없다. 내가 아는 잘못 뜬 경우는 이것뿐이다.

그러니 누군가 여러분이 뜨는 것을 보고 "틀렸다"고 말한다 해도 화내지 말자. 좋은 뜻으로 하는 말일 테니까. 동의할 수 없다는 생각은 마음속에만 간직하고 가만히 웃으며 들어보자. 그들이 맞을 수도 있다. 혹여 틀렸다 해도 잊지 않고 기억한다면 나중에 유용하게 쓰일 정보를 알려준 것일지도 모른다.

나는 배색 실이 꼬일 때마다 뜨개 책에서 말하는 것과는 다른 방식으로 실을 꼬면, 다시 말해 실을 꼬이지 않게 번갈아 사용하면 실이 전혀 엉키지 않는다는 사실을 발견했고, 이 작은 발견 덕분에 내 첫 스키 스웨터를 계속 뜰 수 있었다.

하지만 흰색 코를 뜨기 위해 흰 실을 가져올 때마다 회색 실을 손에서 놓아야 했고, 그 반대일 때도 마찬가지였다. 두 가지 색 실을 한꺼번에 잡고 그때그때 필요한 실을 쓰려고도 노력했는데, 효과는 있었지만 속도가 매우 느렸고 편물이 당겨지는 경향이 있었다. 내 경우는 그랬다는 말이다.

그러다 불현듯 어린 시절이 떠올랐다. 흰 실을 "다른 손"에 잡으면 왜 안 되지? 그렇게 할 수 있었는데. 나는 운 좋게도 양손으로 뜨개를 하는 사람이었기 때문이다. 한 가지 방법으로만 뜨개를 하는 여러분에게 내가 줄 수 있는 최선의 조언은, 만약 여러분이 배색 도안을 뜨고 싶다면 즉시 다른 방법도 배우라는 것이다. 처음에는 느리겠지만 곧 속도가 날 것이고, 색이 바뀔 때마다 잡고 있던 실을 놓고 다른 실을 잡는 것보다 훨씬 빠르다는 사실도 알게 될 것이다. 연습만 잘한다면 이 방법은 겉뜨기와 안뜨기만큼 빠르게 뜰 수 있고, 당연히 훨씬 재미도 있다. 바늘 아래에서 무늬가 점차 모습을 드러내는 과정을 보는 일은 무척 근사하다. 잘 그린 그림 같다.

낡은 스웨터를 더 연구해보니, 이 스웨터를 뜬 사람은 배색 실을 다섯 코까지만 가로로 걸치고 그 이상은 절대 걸치지 않았다. 결국 나는 실을 다섯 코 이상 걸치라고 지시하는 도안책들에 다시 한번 반기를 들어야 했다. 배색 실을 아주 길게 걸칠 때 뒷면에서 실이 늘어지지 않도록 일일이 꼬는 수고를 자처하는 사람이라면 그 방법도 문제 될 건 없다. 하지만 그렇게 하지 않을 묘안이 있고, 그렇게 하는 것이 정통 노르웨지안 스웨터를 뜨는 방법이라고 할 수도 없다. 사실 뒷면에서 실을 꼬면 편물에 좋지 않은 영향을 줄 수 있다. 아주 쫀쫀하게 뜨면 꼬임새가 드러나지 않을 수도 있지만, 보통 1인치에 5코 정도의 게이지로 뜨면 그야말로 티가 난다. 실이 잘못 꼬이면 앞면에서 눈에 띄기도 하고, 그 부분이 움푹 패어 편물이 고르지 않게 보일 수 있다. 상당히 숙련되고 약간 쫀쫀하게 뜨는 뜨개인만이 이런 사태를 피할 수 있지만, 꼬는 횟수가 많아질수록 보통의 뜨개인에게는 부담이 된다. 하지만 최대 5코까지만 실을 걸치면 실이 늘어지지도 않고, 여러 번 세탁하는 과정에서 실이 편물 안쪽에 자연스럽게 올라붙는다.

그러니 다섯 코 이상은 걸치지 않도록 도안을 수정해서 뜨자. 너무 많은 코에 실을 걸치면 작은 꽃이나 별, 작은 눈송이를 뜨는 데 방해가 되어 전체 디자인을 더 낫게 만드는 데 좋은 영향을 주지 못한다. 도안에서 한 코도 고쳐서는 안 된다는 법은 없다.

그래서 나는 자신에게 이렇게 말한다. 아하, 나는 작은 무늬를 파고들어야지. 내가 만든 스웨터 위로 스키어들이 미끄러져 내려오는 일은 없을 것이다. 나는 작고 오래된 페로 제도*의 무늬(아, 이제는 사라지고 없다)가 실린 책을 찾아 나섰고, 그 극도의 단순함을 연구하며 이런 결론을 내렸다. 그 무늬들은 원래는 오너먼트가 아니라 스칸디나비안 스웨터를 장식하고 있었고, 두 가닥의 실을 한 번에 잡고 뜨면 옷이 두 배로 두꺼워지는 만큼 두 배로 따뜻해지며, 그래서 이 무늬는 정말이지 실용적이라고.

이때부터 나는 당시의 스키 스웨터 뜨는 방법에서 벗어나 적극적으로 창의력을 발휘하기 시작했다. 내가 찾을 수 있는 스칸디나비아 스웨터라면 무엇에서든 영감을 얻었다.

내가 디자인한 스웨터의 몸통은 일자로 떨어지고, 테두리에 고무단이 들어가며 어깨까지 흐트러짐 없이 짜여 있다. 소매는 소매부리에서부터 규칙적으로 넓어진다(4단마다 2코씩 늘어난다). 소매를 진동까지 뜨면 코막음을 한다. 소매 캡은 필요하지 않다. 왜냐하면 직선으로 잘린 진동이 어깨와 바로 이어지기 때문이다. 그동안 발견하거나 발명한 작은 무늬들이 가슴과 소매 윗부분을 가로지르도록 배

---

* 스코틀랜드와 아이슬란드 사이에 위치한, 18개의 섬으로 이루어진 덴마크 자치령.

치했고, 몸통과 소매의 마지막 단은 근사한 초콜릿 브라운 색 실로 마무리했다. 어깨선이 아름답고 자연스럽고 우아한 곡선을 그리도록 드롭 숄더 라인을 강조했다. 이 모든 것이 조합된 결과는, 절제되고 독창적이며 아무리 봐도 사랑스러운 스웨터였다.

이 스웨터를 다시 뜰 때는 오트밀 색상의 헤더 울을 사용했고, 무늬는 흰색에 테두리는 갈색을 썼다. 갈색 눈의 두 어린 소녀가 이 스웨터와 함께 몇 번의 겨울을 따뜻하게 나며 무척 만족해했다.

이것이 내가 돈을 받고 판 첫 스웨터 디자인이다. 그래서 이걸 볼 때마다 정말이지⋯.

스웨터는 한 번 자르면 절대 풀 수 없고 다시 뜰 수도 없다고 말하는 사람들에게, 나는 스웨터를 풀고 다시 뜨는 일은 생각보다 훨씬 많이 회자하고 있다고 말해준다. 만약 여러분이 이런 식의 절약에 중독되어 있다면, 반드시 평면뜨기로 뜨자.

한 가지 더. 스칸디나비아식 뜨개와 페어 아일 뜨개 사이에는 엄청난 차이가 있다. 전자는 단색 바탕에 단색 무늬이지만, 진짜 스코틀랜드 페어 아일은 한 무늬 안에서도 바탕색과 무늬색이 달라진다. 상당히 복잡하지만 매력 있고 뜨는 보람이 있는 무늬다.

무늬가 들어간 스키 스웨터 뜨는 법

이 스웨터는 형태 면에서는 모든 스웨터를 통틀어 단순한 축에 속한다. 디자인이나 색에 얽매이지 않고 자유롭게 떠 보자.

스키 스웨터의 비율은 몸통 너비에 따라 결정되니, 좋아하는 오래된 스웨터의 몸통 둘레를 측정하고 해당 치수에 게이지를 곱해 몇 코를 잡아야 하는지 결정하자. 스와치 뜨는 것도 생략하지 말고.

다음의 지침은 정확히 1인치에 5코 게이지로 총 200코, 40인치(102cm) 스웨터를 뜨는 방법이다. 이 치수는 퍽 유

용하고 일반적이다. 더 크거나 더 작은 스웨터를 원한다면, 필요한 만큼 5코씩을 더하거나 빼라. 200코보다 많거나 적은 콧수로 도안을 수정했다면, 몸통의 콧수를 100%로 잡고 주어진 비율에 따라 수정하면 된다. 겁먹을 것 없다. 계산할 것이 많지 않고, 간단하다.

뜨개 바탕에는 4온스(약 113g)짜리 워스티드 실 5타래, 무늬로는 그 절반 정도의 실이 필요하다. 포인트를 넣고 싶다면 2온스(약 56g)짜리 타래 하나면 충분할 것이다. 갖고 있던 실 한 볼도 괜찮고.

1인치에 5코 게이지에 맞는 40cm와 60cm 줄바늘이 하나씩 필요한데, 뜨는 방법에 따라 3.75mm에서 5mm 사이의 바늘 굵기가 될 것이다.

60cm 바늘로 200코를 잡은 뒤 단이 꼬이지 않게 조심하면서 둥글게 연결한다. 고무단을 뜨고 싶다면 지금이다. 겹단도 이 시점에서 시작하면 된다. 두세 단을 겉뜨기로 뜨자.

이제 원하는 무늬로 시작하자. 이 책에 실린 무늬도 좋고 다른 무늬도 괜찮다. 여기에는 두 가지 잠정적인 규칙이 있다.

첫째, 한 색상의 실로 5코 이하만 걸치도록 되어 있는 무늬를 고르자. 둘째, 두 가지 색 이상의 실을 동시에 걸치는 일은 꼭 피하자.

물론 이 규칙을 무시할 수도 있겠지만 내 생각에 그건 꽤 위험하다. 어려운 프로젝트를 뜨는 데 이 규칙이 큰 도움이 될 것이고, 특히 초보자에게는 더욱 그렇다. 실을 5코보다 많이 걸치고 싶거나(그러려면 뒷면에서 실을 꼬아야겠지만) 양손에 다른 색 실을 하나씩 쥐고 있는데 세 번째 색 실을 추가하고 싶을 때가 얼마나 많은지. 하지만 나는 이 규칙들을 엄격히 지킨다. 규칙을 지키는 것보다 규칙을 깨는 듯한 인상이나 착시를 주는 것이 훨씬 자극적이라는 사실을 알지만 말이다. 물론 어디까지나 나에게 하는 말이다. 만약 다르게 떠야 할 타당한 이유가 있다면 스스로 결정하면 된다.

첫 번째 코에 표시를 해서 단이 바뀌는 지점을 분명히 해두자. 여기가 진동이 시작되는 부분이기도 하니 틀리지 않도록 하자. 카디건을 뜰 계획이라면 이 표시는 아마도 앞 중심선이 될 것이다. 앞섶 밴드를 중심으로 양옆의 무늬가 균등할 수 있도록 큼직한 무늬를 주의 깊게 배치하자.

모든 무늬가 여러분이 계획한 전체 콧수와 정확히 맞지는 않겠지만, 이런 종류의 스웨터에서는 큰 문제가 되지 않는다. 작은 무늬라면 더욱 그렇다. 만약 모든 무늬의 콧수가 특정 숫자의 배수라면(보통은 10코다), 여러분의 스웨터 몸통 콧수 역시 같은 수로 나눠야 하고, 아마도 완벽하게 떨어질 것이다. 하지만 초반에 콧수가 약간 맞지 않더라도 걱정하지 말자.

두 가지 색으로 배색을 할 때는 양손으로 각각 실을 잡는 연습을 해 오른손과 왼손을 번갈아 쓰며 뜰 수 있도록 하자. 생각보다 어렵지 않으니 인내심을 가져라. 낯선 방법으로 뜨개를 하는 사람을 여러분도 분명히 알고 있을 것이다. 그러니 지금 뜨는 방법을 바꾸면 안 될 이유가 없다. 며칠이 지나면 딱히 재미랄 것도 없이 자동으로 그렇게 뜨게 될 것이다. 어쨌든 새로운 기술을 습득하는 일은 늘 멋지다. 계속 앞면을 본 채 한

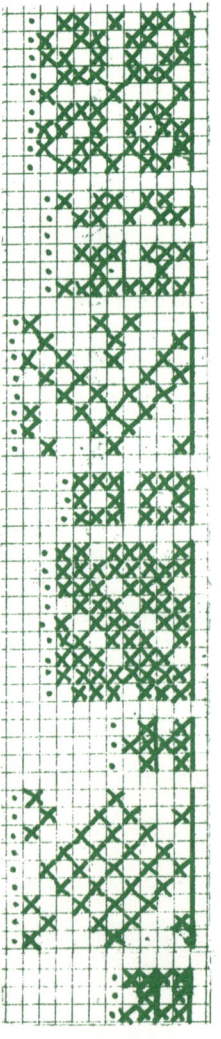

아래에서 중간까지

스키 스웨터 무늬 도안.
아래에서 시작. 오른쪽에서 시작해 왼쪽으로 떠 나가며 점을 기준으로 반대 방향으로 돌아간다. 무늬와 무늬 사이에는 한 단 혹은 두세 단 여유를 주자.

손으로는 무늬를 다른 손으로는 바탕을 뜨며 스웨터가 완성되어 가는 모습을 보면, 마치 내가 양손으로 그림을 그리는 레오나르도 다빈치가 된 것 같은 경험을 할 것이다.

즐겁게 몸통을 떠 올라가자. 형태에 변화를 줄 일도 없고 진동도 신경 쓰지 않은 채 오로지 무늬에 집중할 수 있다. 하지만 부디 내가 쓴 글을 읽지 않고 건너뛰는 일은 없기를 바란다. 그랬다가 요령을 놓칠 수도 있고, 그래서 읽기를 빼먹은 자신을 자책하게 될 수도 있다.

중요한 요령은, 실이 편물 뒷면에서 느슨하게('대충'이라는 표현도 괜찮다) 있도록 유지하는 것이다. 가지런하거나 촘촘하게 두고 싶은 욕망을 이겨내야 한다. 너덜너덜하게 매달린 실이 모든 것을 망치고 말 것이라는 믿음도 이겨내야 한다. 그런 일은 없을 테니까. 세탁까지 갈 것도 없이 블로킹만 마쳐도 느슨했던 실들은 편물에 올라붙으려 할 것이고 실제로 그렇게 된다. 어차피 5코 이상 걸쳐진 실은 없으니 말이다. 실을 바꿀 때 세 코마다 한 번씩 실을 꼬아야 한다고 믿는 뜨개인들이 있다. 그렇게 하도록 두자. 본인 말고는 아무도 신경 쓰지 않는 그 방법은, 내 생각에 무늬가 넓고 큰 도안을 뜰 때의 방식을 그대로 적용한 게 아닐까 싶다. 나는 여러분이 이 관행을 따르지 않기를 진심으로 바란다. 여러분이 스스로 노력해서 최소한 자신감 있고 소신 있는 뜨개를 하게 되기 전까지는 말이다. 내 방식대로 하는 것이 훨씬 쉽고, 결과도 대체로 받아들일 만하다.

한 손에는 가장 많이 뜨는 색의 실을 잡고, 다른 손에는 다른 색 실을 잡아라. 한쪽에 실 한 볼이, 다른 쪽에 또 한 볼이 있을 것이고, 둘은 절대 엉키지 않을 것이다. 실을 느슨하게 걸치는 걸 잊지 말기를. 과도하게 느슨하게 걸쳤더라도(우발 사태이기는 하지만) 나중에 착 올라붙는다. 쫀쫀하게 떴다면, 망했다. 그 스웨터는 뻣뻣해질 것이고 별로 인기가 없을 것이다.

무늬를 두세 단 뜨고 나면 눈과 뇌가 이미 어느 코에서 다른 색 실이 와야 하는지 알기 때문에 도안을 안 봐도 된다는 사실을 알게 된다. 처음에는 두세 코가 반복되는 간단한 무늬로 시작하다가 점차 10~12코가 반복되는 복잡한 무늬를 떠 나가자. 해보면 얼마나 쉬운지 깜짝 놀랄 것이다.

여러 가지 무늬를 넣어 뜬 첫 번째 스키 스웨터를 '샘플' 삼는 것도 좋은 생각이다. 아주 멋진 옷이 될 뿐 아니라 여러분이 어떤 스타일을 선호하는지, 왜 좋아하는지 등 여러분의 스타일을 알 수도 있다. 한 가지 색만 쓴 무늬를 사용하면 대담하고 단호한 분위기가 난다. 두 가지 색을 교차로 배치하면 알록달록하고 발랄한 분위기를 낼 수 있다. 원한다면 이 두 유형의 무늬를 교차하며 테스트해 보기를.

몸통의 길이가 적당하다면(27 인치(69cm) 언저리), 취향에 따라 2~3인치를 더 뜨거나 덜 뜬 뒤 코막음을 하자. 원한다면 앞몸판만 코막음을 하고, 뒷몸판의 코로 평면뜨기를 하다가 뒷목 분량으로 전체 코의 1/3이 남을 때까지 경사뜨기(60쪽 참고)를 해도 된다. 메리야스 조직은 잘 말리기 때문에 나는 종종 몸통과 소매 캡 한두 단은 안뜨기로 끝낸다. 다른 색 실로 그렇게 할 때도 있다. 그런 뒤 안뜨기로 코막음을 한다. 이렇게 하면 말리지도 않고, 소매를 꿰매기가 훨씬 편해진다. 게다가 보기에도 좋고 포인트가 되며, 우아하면서도 단순한 드롭 숄더를 만들 수 있다.

소매는 소매부리에서 시작하며 40cm 바늘로 몸통 콧수의 20%를 잡는다. 몸통이 200코면 소매부리는 40코다. 줄바늘 전체에 40코가

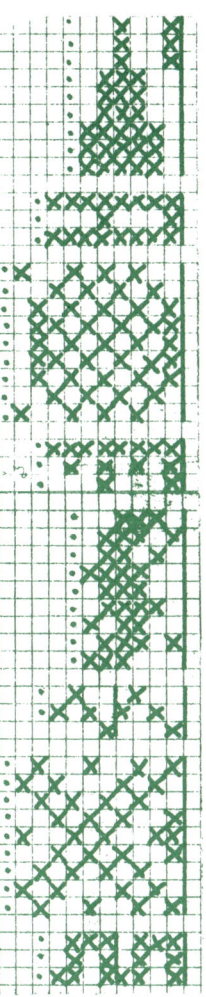

중간에서 위까지

균등하게 자리할 수 있도록 코를 느슨하게 잡는다. 원통으로 연결한 뒤 몸통에서 뜬 것처럼 무늬를 뜬다. 원한다면 다른 무늬도 괜찮다. 솔기선에 마커를 하나 걸고, 마커 양 옆에서 4단마다 한 코씩 늘리며 소매 윗부분까지 떠 올라간다. 무늬를 뜰 때도 코늘림을 유지하자. 나는 이 솔기 코를 무늬 실로 뜨는 걸 좋아하는데 반드시 그렇게 해야 하는 것은 아니다. 무늬 색이 쓰이지 않은 곳에서 코를 늘려야 할 때는 그 코를 지나치고 다른 단에서 코늘림을 한다. 이 정도는 허용할 수 있는 작은 속임수다.

몸통에 비해 소매는 무늬가 적을텐데 그게 정상이다. 소매가 더 짧으니까. 적당한 길이만큼 떴다면 코막음을 하자. 대부분의 스키 스웨터의 소매 길이는 17~18인치(43~46cm)다. (예상보다 짧다고 생각할 것이다. 드롭 숄더이기 때문에 그렇다.) 정확하게 뜨려면 입을 사람의 셔츠 소매 길이를 재면 된다. 뒷목 가운데에서 팔꿈치 가운데를 지나 손목까지를 잰 길이가 셔츠 소매 길이인데, 몸통 너비의 절반에 소매 길이를 더한 것과 같아야 하며 니트의 특성상 약간의 여유분이 있다. 흔히 소매를 너무 길게 뜨는 오류를 범하는데 나도 마찬가지다.

소매가 완성되어야만 진동을 자를 수 있다. 왜냐하면 진동을 얼마나 깊이 잘라야 하는지를 그때 정확히 알 수 있기 때문이다. 몸통 콧수의 20%로 소매부리를 시작한 뒤 4단마다 2코를 늘리는 비율로 진행해 몸통 둘레의 절반 치수가 될 때까지 늘린다. 그래야 보기에도 좋고 착용감도 좋은 소매가 된다.

 스웨터 상단의 정확히 양옆이 되는 지점에 시침질을 하는데, 가능하다면 큰 무늬의 중앙이 스웨터 정중앙에 오게 하고, 무늬가 바뀌는 지점이 겨드랑이에 오도록 하자. 이제 스웨터와 소매를 평평하게 펼친다. 진동이 소매 윗부분 폭과 정확하게 맞아떨어지는지 확인한 뒤, 몸통 부분에 겨드랑이 지점을 측정한 후 표시하고 그 지점까지 시침질한다. 진동 폭이 소매 폭보다 길거나 짧지 않도록 맞추는 것이 가장 중요하다. 바느질을 최소한으로 줄여줄 여러분의 (또는 이웃의) 재봉틀로 가서 시침질 선의 좌우를 아래까지 박는

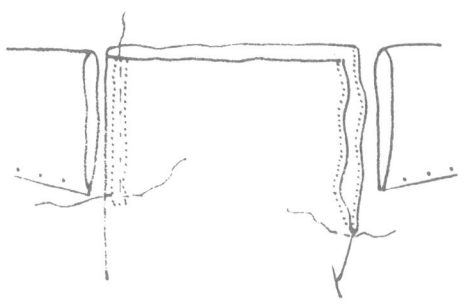

시침질하고, 재봉틀로 박고, 진동 자르기

다. 이렇게 하면 코가 고정돼 풀리지 않는다. 재봉틀로 박은 좌우의 봉제선이 최대한 가깝도록 박음질하자. 우리는 이음새가 너무 두꺼워지거나 편물을 1밀리미터라도 낭비하고 싶지 않으니까. 이제 시침실을 따라 편물을 자른다. 이제 어둑해진 방안에 누워 15분간 쉬어라. 앞으로는 자르는 일이 두렵지 않을 것이다. (그러나 항상 올바른 위치를 잘라야 한다는 사실을 잊지 말기를.)

앞면을 본 상태에서 한 코씩 대응하도록 잇든 꿰매든 마음에 드는 방법으로 어깨솔기를 연결하자. 어깨솔기는 잘 벌어지기 때문에 아주 단단하게 이어야 한다.

자른 진동은 적어도 1인치 이상 늘어난 상태로 여러분을 약 올리는 것처럼 보일 것이다. 하지만 여러분도 진동을 약 올리고 있다. 왜냐하면 정확하게 측정했다는 사실을 알고 있는 사람도, 소매와 진동을 합체할 때 서로 잘 대응하도록 조율할 사람도 바로 여러분이기 때문이다.

이제 여러분이 할 일은 이것이다. 소매 겨드랑이와 몸통 겨드랑이를 핀으로 고정하고, 소매 윗부분과 어깨솔기를 핀으로 고정한 뒤 소매를 몸통 쪽으로 접는다. 핀과 핀 사이의 중간 지점과 1/4 지점에도 핀을 꽂은 뒤, 어울리는 실로 오른쪽부터 소매와 몸통을 연결하자. 소매에서 코막음 코 하나를 줍고, 진동 부분에서 코 하나를 줍는다. 이때 재봉틀 박음질 선으로부터 한 코 들어온 자리에서 줍는다. 몸통 부분에 있는 바느질 선을 가이드 삼아 이런 식으로 번갈아 코를 줍는다.

편물을 뒤집어 안쪽이 드러나게 한 다음, 시접이 소매 쪽으로 가도록 다리면서 튀어나온 부분을 정돈하고, 바느질실 같은 가는 실로 헤링본 스티치herring-bone stitch 또는 위핑 스티치whipping stitch를 한다.

몸통과 소매의 아랫단에도 테두리를 만든다(74쪽 참고).

고무단 테두리를 좋아한다면 아예 고무뜨기로 시작하는 게 낫다. 밑단은 코막음으로 마무리하는 것보다는 코잡기로 시작하는 게 낫다.

깃고대neck opening는 몸통 위쪽 트임 너비top open의 1/3을 잡는 것이 일반 규칙이다. 머리가 큰 사람들은 조금 더 여유를 둬야 하고 머리가 작으면 더 줄여도 된다. 요점은 입을 때 머리가 잘 들어가게 하는 것이다. 다른 것들은 모두 부차적이다. 아기 옷이나 아동복이라면 몸통 너비의 절반을 목둘레 콧수로 잡는다.

이렇게 보트 형태의 목둘레가 만들어졌으면 모든 코를 40cm 줄바늘로 뜬다. 고무뜨기를 해서 스탠드업 크루넥이나 터틀넥을 만들 수도 있다. 크루넥이라면 겹단 안쪽에 다른 색상을 넣어 메리야스뜨기를 할 수도 있다. 원하는 높이까지 목단을 떴으면 겹단이 깔끔하게 접히도록 중간에 안뜨기를 한 단 넣어 말리지 않게 하자.

안뜨기 단 덕분에 끝이 말리지 않는 지금의 목선이 마음에 들 수도 있다. 이제 모든 코를 겉뜨기하자. 가능하다면 색이 다른 가는 굵기의 실로 뜨는 게 좋다. 메리야스뜨기로 뜨면서 급격하게 코를 늘리자(단마다 2코씩 늘린다). 그렇게 하면 겹단의 모양이 울지 않고 잘 잡힌다. 약 2인치(5cm)를 떴으면 바늘을 제거한 뒤 단을 접어 꿰맨다. 마지막 두 단은 코늘림을 생략해도 된다.

마지막으로 내가 노르웨지안 넥이라고 부르는 것이 있는데, 아주 근사한 뒷목을 만들 수 있는 방법이다. 뒷목 부분만 가터 또는 고무뜨기로 $1^1/_2$~2인치(4~5cm)를 평면뜨기 한 뒤 코막음을 한다. 이것의 양옆 가장자리를 목 앞부

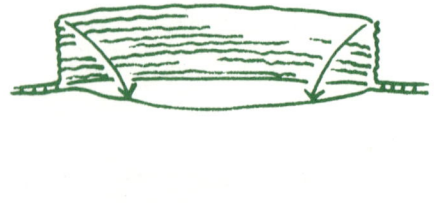

노르웨지안 넥

분과 맞닿게 놓고 꿰맨다.

  이 방법이 재미있다면 캥거루 파우치 넥도 만들 수 있을 것이다(160쪽 참고).

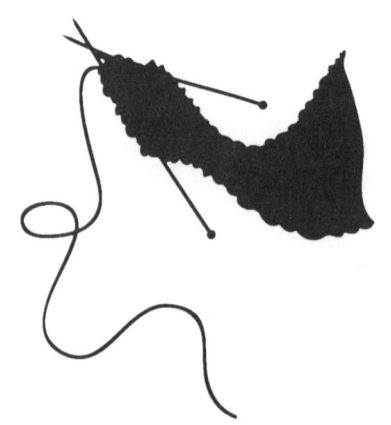

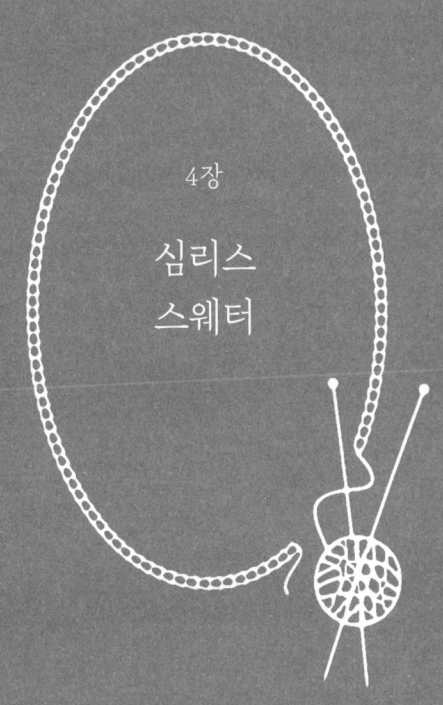

4장

심리스
스웨터

Knitting

내가 가장 좋아하는 스웨터는 솔기가 없는 심리스다.

　아이들이 어렸을 때 디자인한 스웨터이기도 하다. 어릴 때 정통 스키 스웨터를 입었던 아이들이 크면서 당시 유행했던 요크 스웨터를 입고 싶어 했고, 그래서 나는 몸통에 눈꽃 무늬가 들어간 스웨터를 다시 뜨기 시작했다. 소매 윗부분에서 요크 흉내를 내는 대신, 요크를 뜨면서 몸통과 소매를 합체하는 방법을 오래 고민했다. (이 일이 벌써 몇 년 전이라는 사실을 기억해주길. 아이들은 이미 자라서 성인이 되었고 결혼도 했다.) 요크까지 한 판으로 떠진 스웨터를 전에 본 적이 있기는 했지만, 그것들은 대개 겨드랑이 부분이 빡빡하기 일쑤였고 그 부분부터 먼저 닳기 시작했다. 몸통과 소매의 겨드랑이 부분에서 각각 몇 코를 코막음 한 뒤 이 코막음 한 부분을 함께 꿰매면 어떨까? 실패한들 잃을 건 없었다. 나는 뜨던 편물의 겨드랑이 부분 중 일부를 코막음 한 뒤 60cm 줄바늘에 몸통과 소매를 합쳤다. 요크 전체를 한 바퀴 도는 지루한 작업을 하다가 휴가를 떠났다. 왜 그랬는지 알 수 없지만 미완성 스웨터를 동네 수예점에 둔 채로.

내가 돌아왔을 때는 수예점의 단골 세 명이 내 스웨터를 따라 뜨는 중이었다. 내가 도안을 완성하지 못하고 떠난 탓에 혼란과 실랑이가 있었고(과장이 아니다), 한 가지 도안을 두고 무늬와 코줄임 횟수가 제각각인 이유가 되었다. 하지만 그들은 제법 잘 해냈고, 이후에도 수많은 뜨개인들이 이 스웨터를 따라 떴다. 요즘도 가끔 마주칠 때가 있다.

뒷목을 높게 만들고 앞목은 낮게 만든다는, 전에는 짐작도 못했던 이 아이디어를 떠올리는 데에 영감을 준 것이 무엇인지는 잘 모르겠다. 어쨌든 그때까지 봤던 다른 요크 스웨터는 이 기본적인 상식을 채택하고 있지 않았다. 내게 영감을 준 건 어쩌면 은둔자 성 바울이었을 수도 있고, 베 짜는 사람들의 수호성인이었을 수도 있다. 그들이 뜨개도 했을지 누가 아는가.

다른 동네에서 온 생면부지의 두 여인에게 늘 감사한다. 어느 날 우연히 수예점에 들른 그들은 다른 여성들과 마찬가지로 내가 뜬 스웨터를 보고 감탄하더니 내 스웨터의 겨드랑이를 살펴보고는 "이은 건가?"라고 중얼거리고는 떠났다. 잘됐다. 그들은 내 스웨터를 따라 뜰 것이고 나는 그들이 던져준 잇기라는 아이디어를 채택할 것이다. 이것은 풍부한 기지를 발휘한 것일까 아니면 그저 표절일까? 어쨌든 나는 스웨터 겨드랑이에 잇기 기법을 넣었고, 덕분에 심리스 스웨터가 탄생했다. 겨드랑이에 있는 자국도 솔기로 친다면 솔기가 전혀 없는 스웨터라고 할 수는 없겠지만. 그럼에도 잇기(또는 접붙이기, 영국인들이 귀엽게 부르듯이)는 정말이지 마법 같아서 그것까지 솔기라고 부를 수는 없을 것이다. 잇기 기법은 너무나 감쪽같아서 거의 속임수라고 불러도 될 정도다.

심리스 스웨터에는 두 가지 좋은 점이 있다. 첫 번째이자 가장 중요한 장점은 사방으로 늘어나 편하다는 점이다. 스웨터를 벗을 때 소매에서 팔을 꺼내며 솔기 뜯어지는 소리에 불안해하지 않아도 된다. 두 번째, 솔기가 없으니 바느질 솜씨가 필요하지 않다. 심리스 스웨터를 한 벌 만들어봤다면 다른 장점도 발견했을 것이다. 연습을 조금만 하면 무념무상으로 뜰 수 있다는 점이다. 도안에 시선을 빼앗기는 대신 읽을거리나 풍경이나 텔레비전을 보며 뜰 수 있다. 그러니 마음을 열고 심리스 스웨터의 세계에 과감히 뛰어들어 보자.

앞으로 살펴볼 네 가지 스웨터는 모두 심리스이고 겨드랑이까지는 같은 방식으로 뜬다. 첫 번째 스웨터를 만들 때 내 지시사항을 잘 따른다면 나머지 세 가지는 식은 죽 먹기

일 것이다. 네 가지 스웨터 모두 여러분이 측정한 사이즈로 만들 수 있으니 편물 게이지와 자신의 신체 치수를 넣어 잘 계산하자. 중요한 것은 게이지, 게이지, 또 게이지다.

아기나 아동용 스웨터는 한 가지만 빼면 성인 스웨터를 만들 때와 비율이 같다. 아이들의 팔은 손목부터 어깨까지 두께에 변화가 없는 편이기 때문에 손목으로 갈수록 폭이 좁아지게 만들지 않고, 바늘 네 개로 몸통의 33% 비율로 코를 잡은 뒤 쭉 떠 나가면 된다. 아이들이 크면 수정할 수 있도록 고무단으로 시작하는 게 좋다.

스웨터마다 지시사항이 수다스럽게 적혀 있으니 코를 잡기 전에 한 번 이상 꼭 읽어보기를 강력히 권한다.

※

심리스 요크 스웨터

준비물은 여러분의 신체 치수와 취향에 따라 달라진다. 워스티드 굵기의 실(초보자에게 아주 적당한)을 쓴다면 보통 4온스(약 113g)의 실 5~6타래가 필요하다. 가는 실이라면 이보다 적게 들 수도 있다. 실 가게 점원과 상의하는 것이 좋겠다. 소매와 목을 뜰 때는 40cm 줄바늘이 필요하고 몸통과 요크에는 더 긴 바늘(나는 60cm 줄바늘을 선호한다)이 필요하다. 바늘의 굵기는 실과 뜨는 법에 따라 달라진다. 워스티드 굵기의 실이라면 3.75mm에서 5mm 사이다.

뜨려는 스웨터의 가슴 너비를 정하자. 각자의 치수와 취향이 천차만별이기 때문에 정해진 규칙은 없다. 자신의 신체 사이즈에 너무 신경 쓰지 말기를. 44사이즈이든 99사이즈이든 부러움을 살 만하다. 중요한 것은 여러분이 원하는 몸통 너비다. 이를 확인하는 가장 좋은 방법은 여러분이 좋아하는 스웨터를 평평한 곳에 펼쳐서 그 폭을 재는 것이다. 몸통 둘레에 게이지(2장 참고)를 곱하면 스웨터 몸통을 뜨기 위해 몇 코가 필요한지 나온다. 이것은 여러분이 오직 자신을 위해 측정하고 결정해야 하는 일이며(아무도 대신

해주지 않는다), 따라서 정확하고 솔직하게 재는 것이 중요하다. 그렇지 않으면 땅을 치며 후회할지도 모른다.

이제부터는 내가 여러분을 위해 세심하게 만든 비율을 바탕으로 여러분의 몸통과 소매를 얼마나 길게 뜰지만 정하면 된다. 이건 내가 대신해줄 수 없다. 테두리는 걱정하지 말자. 마지막에 뜰 테니까.

60cm 줄바늘에 여러분이 계산한 콧수를 잡는다. 200코를 잡았다고 가정해 보자. 놀랄 만큼 흔한 콧수다. 처음 세 코는 꼬리 실까지 두 가닥을 모두 잡고 뜬다. 그런 다음, 단이 꼬이지 않도록 조심하면서 몸통을 떠 올라가자. 몇 인치를 뜬 뒤에야 꼬인 것을 발견했다면 지금까지 뜬 것을 전부 풀거나, 아니면 재봉틀로 바느질을 한 뒤 스틱steek*을 해 카디건을 뜨거나 또는 밑단의 한쪽에만 작은 솔기가 있는 스웨터를 뜰 수도 있다.

몸통은 면적이 가장 큰 부분이라 마치기까지 시간이 꽤 걸린다. 그동안 소매 한쪽을 먼저 시작하는 건 어떨까? 소매는 크기도 작고, 여행 갈 때 들고 갈 수도 있고, 부엌에 있는 바구니에 담긴 채 여러분의 관심을 기다릴 수도 있다.

긴 소매는 몸통의 1/5(20%) 만큼 코를 잡고 시작한다. 몸통이 200코인 스웨터의 경우 40코로 시작하면 된다.

* 원통으로 뜬 편물을 잘라 평면으로 만드는 기법.

40cm 줄바늘로 코를 잡고 아주 느슨하게 떠서 신축성을 살리자. (원한다면 소매 시작 부분에서 양말바늘 네 개로 떠도 된다.) 몸통과 마찬가지로 원통으로 떠 나가자. 네 단을 뜬 뒤에 첫 번째 코늘림을 한다.

소매 솔기를 만들기 위해 세 코의 양옆에 마커를 걸고 마커 직전에 한 번, 마커 직후에 한 번 코늘림을 한다(63쪽 참고). 네 단을 겉뜨기로 뜬 다음 다시 원하는 방법으로 코늘림을 한다. 나는 감아코로 코늘림 하기를 좋아한다(M1). 이렇게 하면 코를 늘린 부분이 감쪽같을뿐더러, 다른 코로부터 독립적으로 존재할 수 있다. 중요한 것은 세 코를 처음 상태 그대로 유지하는 것이다. 이들은 곧 늘린 코들 사이에서 존재감을 발휘하며 코늘림 선을 알려 주는 가이드 역할을 할 것이다.

몸통 콧수의 1/3 또는 33%가 될 때까지 5단마다 한 번씩 늘리기를 계속한다. 200코 스웨터라면 66~67코쯤 될 것이다. 66코라고 치자. 이 지점부터는 겨드랑이까지 코늘림 없이 떠 나간다. 팔을 끼워 보면서 얼마나 더 떠야 할지 결정하자. 여러분의 실제 겨드랑이에서 2인치(5cm)가량 남은 곳까지 떴다면 그만 떠도 된다. 평균 성인의 소매 길이는 18인치(46cm) 언저리다.

팔부 소매를 원한다면 몸통 코의 1/4 또는 25%만큼 코를 잡아라. 이 경우에는 50코다. 5단마다 2코씩 계속해서 늘려라. 66코가 되면 겨드랑이까지 코늘림 없이 쭉 떠 올라가자.

두 번째 소매까지 모두 떴다면 이번에는 몸통을 원하는 길이만큼 뜨자. 12~20인치(30~50cm) 사이에서 취향에 맞게 뜨면 된다. 잊지 말자. 여러분의 취향대로 뜨는 것이 중요하다.

긴 여정이 끝났다. 이제부터 재미있는 부분이다.

긴 줄바늘 하나에 몸통과 소매를 합체한다. 일부 코들은 버림실에 옮겨 겨드랑이가 될 부분으로 남겨 둔다. 몸통과 소매의 나머지 코들은 합체해 요크를 만든다.

몸통 쪽 겨드랑이로는 몸통 코의 8%를 잡는다. (이 경우에는 200코의 8%이니까 16코다.) 몸통의 양옆에 각 16코씩을 버림실에 옮기면, 몸판 앞과 뒤에 같은 콧수가 남는다. 몸판의 겨드랑이 한 쌍이 서로 정확하게 마주 봐야 한다.

소매 역시 코늘림 코를 중심으로 16코를 버림실에 옮긴다.

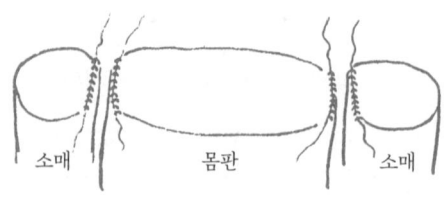

몸판과 소매 연결하기

버림실에 옮겨진 16코가 총 네 쌍 만들어졌다. 이제 겨드랑이가 서로 만나도록 주의하며 코들을 모두 긴 바늘 하나에 옮긴다. 편물에 달린 실 중 가장 편한 것으로 떠 나가기 시작하고 나머지는 자른다.

요크 스웨터의 경우, 현재 위치에서 목까지의 길이(뒷목과 테두리는 제외)는 몸통 둘레의 1/4이다. (1/4로 똑 떨어지지 않는다면 짧은 것보다는 긴 것이 낫다.) 지금 우리가 뜨는 스웨터는 둘레가 40인치(102cm)이므로 요크 길이는 10인치(25cm)가량이 될 것이다. 요크를 둘로 나눴을 때 첫 번째에 해당하는 부분(5인치)은 형태에 변화를 주지 않고 그대로 뜬다. 취향에 맞는 무늬를 넣고 싶다면 바로 지금이다. 가로로 넓적한 무늬를 넣을 생각이라면, 무늬 중 하나가 반드시 몸통 정중앙에 오게 배치하고 요크 콧수와 맞도록 조정하자. 그러니까,

몸판 200코 – (겨드랑이 16코×2) 168코
양쪽 소매 132코 – (겨드랑이 16코 × 2) 100코
....총 268코

이 지점에서 5코나 6코 정도를 늘리거나 줄일 수 있다. 늘림이나 줄임 간격이 고르기만 하다면 전체 무늬에 큰 영향을 미치지 않는다. 내가 제안하는 무늬는 4코로 이루어져 있으니 67번을 반복하면 전체 몸통 콧수에 꼭 들어맞는다.

어떤 무늬든 시작하기 전 1인치는 무늬 없이 뜨자. 무늬가 겨드랑이에 너무 바짝 붙어서 무늬 끝이 잘린 것처럼 보이지 않도록 하기 위해서다. 나는 왼쪽 어깨 뒤에서 무늬 단을 시작하는 것을 좋아한다. 카디건을 뜰 계획이라면 단이 바뀌는 곳은 앞 중심선이 될 것이고, 앞섶 밴드를 고려해 무늬의 위치를 잘 맞춰야 한다.

배색뜨기를 할 때는 뒷면에서 실을 아주 느슨하게 걸쳐야 한다는 사실을 주의하자. 이 단계에서 너무 느슨함이란 없다. 극도로 느슨하게 떠도 나중에는 실이 당겨진다(공들여 느슨하게 떴건만). 한번 쫀쫀하게 떠진 편물은 손쓸 도리가 없다. 5코 이상 실을 걸치라고 지시하는 도안은 피하자.

요크의 높이가 대략 5인치(13cm)가 됐다면 코줄임, 그러니까 요크의 너비를 좁힐 때가 왔다. 옛날 책들은 이렇게 말한다. 이 부분은 K1, K2tog를 반

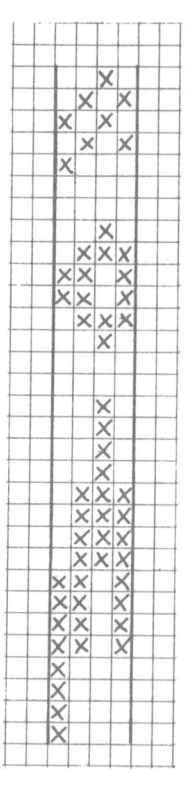

복하면서 빠르게 인정사정없이 줄여야 한다고. 총 268코였던 여러분의 편물은 1/3이 줄어 179코가 된다. 앞으로 요크의 높이가 10인치(25cm)가 될 때까지 이런 식의 코줄임을 두 번 더 하게 될 것이다. 7인치(18cm) 때 한 번, 10인치(25cm) 때 한 번으로 간격을 정하자. 물론 여러분이 뜨는 무늬에 따라 조정하면 된다. K1, K2tog를 하며 두 번째 코줄임을 한다. 이제 바늘에 120코가 있고 세 번째로 코줄임을 하면 목둘레에 꼭 맞는 80코(몸판 200코의 40%)가 있을 것이다.

줄임단과 줄임단 사이에 마음에 드는 작은 무늬를 넣자. 여기에는 어떤 무늬를 넣어도 매력적이다. 두 번째 코줄임과 세 번째 코줄임을 거쳐 요크 부분을 근사하게 마무리하고 나면, 줄임단마저도 무늬로 보는 자신을 발견할 것이다.

갖고 있는 스커트나 스웨터와 잘 어울리도록 요크 무늬의 색을 고를 수도 있다. 이렇게 하면 옷을 받쳐 입기에 얼마나 좋은지 놀라울 정도다. 어쩌다 오렌지색 실로 뜬 한 단은 오렌지색 스커트와 만나 엄청난 존재감을 과시한다. (낡은 스웨터의 요크 부분에 여러 단 덧수를 놓아 새로 산 스커트와 어울리게 할 수도 있다.)

물론 배색을 하지 않아도 괜찮다. 민무늬 스웨터는 늘 예쁘고 어디에나 잘 어울리며 무늬 있는 스커트와도 충돌하지 않는다. 하지만 무늬를 적어도 하나라도 넣고 싶은 유혹은 대개 꽤 강한 편이다.

요크가 10인치(25cm)가 됐거나 몸통 너비의 절반 길이까지 떴다면, 그러니까 총 콧수가 몸통 콧수의 40%만큼 줄여졌다면(아마도 80코일 텐데) 이제 스웨터 전체에서 가장 중요한 부분에 왔다. 뒷목이다. 이렇게 뜬다.

목 테두리를 1코 고무단으로 뜨기로 했다고 치자. 왼쪽 어깨에서 시작해 뒤판 오른쪽 어깨까지 1코 고무단으로 총 40코를 뜬다. 첫 번째 코는 모두 걸러뜨기 한다. 편물을 뒤집어 반대 방향으로 42코를 1코 고무단으로 뜬 뒤 다시 편물을 뒤집는다. 44코를 1코 고무단으로 뜨고 편물을 뒤집는다. 이렇게 평면뜨기를 반복하며 각 단의 끝부분에서 두 코씩 더 뜨는 방식을 거듭하며 총 여섯 단(52코)을 뜬다. 편물을 뒤집을 때마다 간격이 생긴 부분까지 왔다면 오른쪽 바늘에 걸린 코의 아랫단 코를 주워 함께 느슨하게 뜬다(83쪽 그림 참고). 편물을 뒤집어 고무단을 시작하는 부분에서 이 전략을 쓰면 벌어진 간격이 잘 가려진다. 이렇게 여섯 단을 모두 떴다면 1인치 정도 고무단을 더 뜨고 머리가 잘 들어가도록 느슨하게 코막음을 한다. 신축성 있는 실 두 겹으로 목 가장자리 안쪽을 꿰어 모양을 잡는다.

목 테두리는 가터뜨기, 2코 고무단 또는 겹단 메리야스뜨기로도 탄력 있게 만들 수 있다.

이제 겨드랑이를 잇자(66쪽 참고). 이미 걸려 있는 실이 아니라 별도의 실을 사용하자. 이렇게 하면 양 끝을 말끔하게 이을 수 있다. 이 지점은 편물이 세 방향에서 만나는 곳이기도 하다. 여기서는 어떻게 마무리해야 한다는 규칙을 정하기가 어렵다. 알려진 방법과 본능, 우리의 오랜 친구인 풍부한 기지에 적절히 기대는 수밖에.

밑단은 코 잡은 단의 뒤쪽에서 코를 주워 뜬다(75쪽 참고). 먼저 겉뜨기 한 단, 다음은 K8, K2tog을 반복한다(10% 코줄임). $1\frac{1}{2}$~2인치(4~5cm)만큼 뜨자. 여기는 메시지를 새기기에도 알맞은 공간이다. 겹단을 바탕실보다 가는 실로 뜨면 10% 코줄임은 해도 되고 안 해도 된다. 메시지를 바탕실로 뜨면 배경의 가는 실과 대조되어 눈에 잘 띌 것이다.

코막음을 하지 말고 겹단을 평평하게 시침질한 뒤 신축성이 살아 있도록 느슨하게 그리고 눈에 잘 보이지 않게 꿰맨다. 여러분이 까다로운 뜨개인이라면 겹단의 마지막 단만큼은 바탕실로 뜬 뒤 같은 색 실로 꿰매자. 잘 떠서 깔끔하게 작별 인사를 하는 방법이다.

아동용 스웨터의 소매는 성인 스웨터와 같은 방식으로 마무리한다. 아동용 스웨터의 경우 아이가 클 때를 대비해 소매부리에 고무단을 넣어도 좋다.

심리스 래글런 스웨터

앞부분은 요크 스웨터(130쪽) 뜨는 법과 똑같다. 긴 줄바늘에 몸통과 소매를 합체한다(134쪽).

원하는 진동의 깊이에 따라 1~2인치(2.5~5cm)를 떠 올라간다. 몸판과 소매를 결합한 뒤, 네 군데에 마커로 표시를 한다. 소매 콧수는 양쪽이 정확히 똑같아야 하며(각 50코), 몸판의 앞뒤판 콧수 또한 같아야 한다(각 84코). 앞판과 뒤판의 첫 번째 코와 84번째 코에 마커로 표시를 한다. 한 단마다 걸러가며 네 군데에서 2코씩 줄일 것이다.

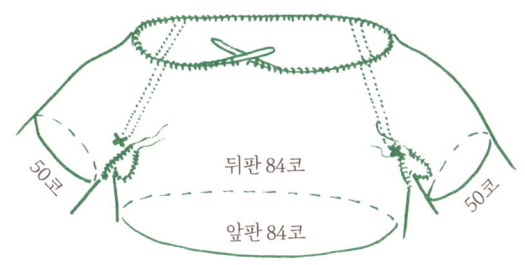

×자 표시한 부분이 마커 거는 위치.
앞판에 두 개, 뒤판에 두 개

*마커로 표시한 코로부터 2코 전까지 뜬 뒤 K2tog를 하고 마커로 표시한 코를 겉뜨기한다. 다시 SSK(61쪽 참고). *부터 세 번 반복한다(코줄임 단 완성. 8코줄임). 다음 한 단은 모두 겉뜨기로 뜬다.

코줄임 단과 겉뜨기 단을 번갈아 계속 뜬다. 뜰수록 코가 줄기 때문에 한 단을 뜨는 속도가 불붙듯 빨라진다는 걸 알 수 있다.

각 소매에 10코씩 남았을 때(코줄임 한 코는 제외하고), 겉뜨기를 한 단 뜬 뒤 아래의 방법으로 뒷목을 세운다.

앞목의 양쪽에서 5코(소매 10코의 절반)를 뺀 나머지 콧수를 버림실에 옮긴 뒤 아까와 마찬가지로 코줄임을 한다. 버림실 위치까지 왔으면 더 갈 수 없으므로 멈추게 될 것이다. 편물을 뒤집어 겉뜨기 대신 안뜨기로 한 단을 뜬다. 편

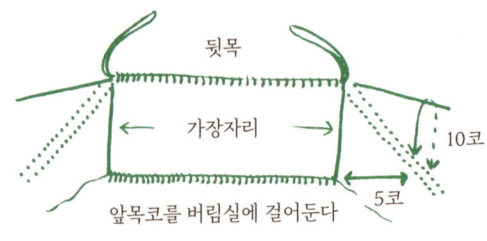

목 형태 잡기

물을 뒤집어 줄임단을 뜬다. 편물을 뒤집어 다시 안뜨기. 소매 코와 바늘에 걸린 앞목 코가 없어질 때까지 이런 식으로 계속 뜬다.

이제 목의 형태가 근사하게 잡혔고 남은 것은 모든 코를 겉뜨기해 테두리를 만드는 일뿐이다. 옆목까지 왔으면 옆목 양쪽 단에서 각 5코씩 주워 겉뜨기로 뜬다.

테두리와 가장자리는 요크 스웨터(138쪽)를 참고하자.

이러한 목 형태는 대부분의 성인 래글런 스웨터에 적용된다. 아주 굵은 실로는 소매에 8코만 남았을 때 목선 형태를 시작할 수 있다. 셰틀랜드나 핑거링 같은 가는 실이라면 소매에 12코 또는 14코가 있을 때 목 형태를 시작할 수 있다.

알려진 것과 달리, 어깨 콧수를 줄이는 비율은 모든 종류의 실과 게이지에서 동일하다.

심리스 새들 숄더 스웨터

조금 복잡하기는 하지만 정말이지 재미있어서 노력한 보람을 느낄 것이다.

요크 스웨터 뜨는 법(130쪽)을 참고해 요크용 긴 줄바늘에 모든 코를 합친다(134쪽).

진동을 얼마나 깊게 파고 싶은가에 따라 1~2인치(2.5~5cm)를 겉뜨기로만 뜬다.

이제 여러분의 어깨너비를 재고 게이지에 곱한다. 논쟁이 있을 것에 대비해, 나는 평균에 해당하는 14인치(36cm)로 뜰 것이다. 이것을 여러분의 게이지와 곱하면 된다. 내 경우 1인치에 5코 게이지이므로 70코가 있으면 된다. 이것이 키넘버key number다.

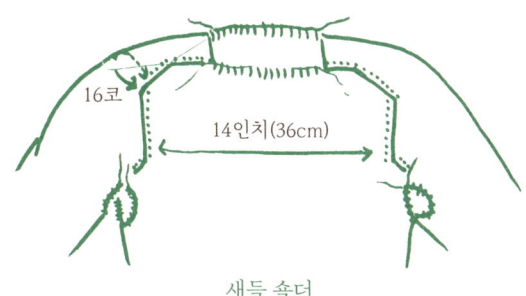

새들 숄더

앞판과 뒤판의 첫 코와 마지막 코에 마커를 건다. 양쪽 소매의 콧수는 정확히 일치해야 하며 마커는 첫 코와 84번째 코에 걸려 있어야 한다.

마커를 건 스티치 바로 한 코 전까지 겉뜨기로 뜬다.

*K2tog. 다음 마커까지 소매 부분을 뜬 뒤 SSK(또는 SKP). 다시 마커 한 코 전까지 뜬다. *부터 반복한다.

그러면 한 단에 4코씩 줄어든다. 여기서 중요한 점은, 소매 코가 아니라 몸통 코로 줄여야 한다는 사실이다.

앞판과 뒤판에 70코라는 키넘버가 남았으면(마커 건 코를 포함해서) 이제부터는 몸판이 아니라 소매에서 코줄임을 한다. K2tog 했던 곳에서는 SSK를 하고, SSK를 했던 곳에서는 K2tog를 한다. 마커 건 코가 잘 살아 있도록 주의하자.

각 소매에 마커 건 코를 포함해 16코씩 남았다면(몸판 200코의 8%) 이번에는 다시 소매가 아니라 몸통 부분의 코를 써가며 코줄임을 한다. 그러니까 K2tog를 한 자리에서는 SKP나 SSK를 하고 반대도 마찬가지라는 말이다. 이렇게 10단만 뜨면 되는데, 이렇게 해야 어깨에 각이 생기지 않으므로 이 부분은 상당히 중요하다. 눈에 매우 잘 띄는 부분이고 이 스웨터에서 가장 중요한 부분이므로 잘 뜨자. 마커를 건 코가 처음에는 몸통에서, 나중에는 소매에서, 다시 몸통에서 소비되어야 한다. 부드러운 선을 그리며.

이 과정을 열 번 마쳤으면 첫 번째 새들을 만들어 보자. 16코로 이루어진 새들의 첫 번째 단을 메리야스뜨기로 평면뜨기 하면서 말이다. 한 단은 겉뜨기, 한 단은 안뜨기를 번갈아 반복한다. 각 겉뜨기 단의 끝에서는 몸통 코를 써가며 SSK를 한다. 편물을 뒤집는다. 안뜨기를 15코 한 뒤 단 끝에서 몸통 코를 써가며 P2tog를 한다. 편물을 뒤집는다. 나는 이렇게 작은 면적을 뜰 때 첫 번째 코를 모두 걸러뜨기 하는 걸 좋아한다.

이렇게 16단을 뜨고 나면 새들이 조금씩 모습을 드러내며 어깨를 이루는 총 70코 중 1/4인 18코가 떠져 있을 것이다. 어깨의 나머지 부분인 42코를 뜨던 대로 뜬다. 이 과정을 반복한다.

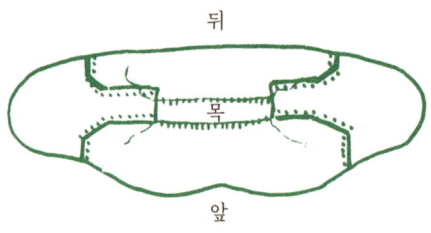

새들 숄더 조감도

재미있게 뜨고 있는지?

좋다. 이제 뒷목에서 가장 중요한, 좁아지는 새들을 만들자. 이제 뒷목에는 34코가 남았을 것이다. 맞는가? 이제 어깨를 만들 때 했던 것과 마찬가지로, 각 단 끝에서 새들 부분의 코를 하나씩 써가며 평면뜨기 하자. 각 어깨에 코가 절반(8코)씩 남았으면 이제 한숨 돌리자. 스웨터가 거의 다 떠졌다.

요크 스웨터에서 했던 방법(138쪽)을 참고해 목 테두리를 뜬다. 마찬가지 방법으로 소매부리와 밑단도 마무리한다.

심리스 하이브리드 스웨터

이 도안은 최근에야 마무리했다. 그래서 앞서 소개한 세 도안(각각 10살, 7살, 8살 된 도안들이다)과 달리 아직 테스트를 못 했다. 그러니 행운을 빌자. 이번 스웨터에서는 누구에게나 잘 어울리는 어깨 형태를 뜰 수 있다. 뒷목을 뜨는 방식은 두 가지 중 하나를 선택할 수 있는데, 두 번째 방법은 정말이지 실력 테스트라고 할 만하다.

요크 스웨터에 관한 지침(130쪽)을 참고해 긴 줄바늘에 모든 코를 합치는 부분까지(134쪽) 뜬다. 몸통과 소매의 겨드랑이에서 10코(몸판 200코 중 5%)씩을 버림실에 옮기면 총 292코가 남는다.

일단 두 단을 겉뜨기로 뜬 뒤 코줄임을 시작한다. 몸판과 소매 결합점 네 군데에 마커를 걸어 몸통의 가장자리임을 표시하자. 양쪽 소매 콧수는 각각 56코로 같아야 한다. 앞판과 뒤판 역시 90코로 콧수가 같아야 한다.

마커로 표시한 코로부터 한 코가 남을 때까지 뜬 다음, 남은 한 코를 걸러뜨기 하고 마커로 표시한 코와 다음 코를 같이 겉뜨기한 뒤 걸러뜨기 한 코로 덮어씌운다. 세 코를 한 코로 만듦으로써 두 코가 줄었고, 살아남은 코가 마커 건 코가 된다.

마커 건 코

두 코 줄임

평범한 링 마커는 이럴 때 참 성가신데(나는 절대 쓰지 않는다), 내가 추천하는 것은 일반 핀이나 옷핀이다. 원해서 그러는 게 아닌 이상, 단마다 마커를 옮길 필요가 없다. 예쁜 두 코 코줄임이 곧 마커 역할을 해서, 뜨다 보면 핀이 한참 아래에 있다는 사실을 발견할지도 모른다. 혹은 뜨다 보면 여러분의 왼손 엄지손가락이 안전핀을 감지할 것이고 곧 코줄임 할 차례라고 경고해줄 것이다.

여러분이 분명 떠 보고 싶어할 아주 근사한 두 코 줄임 방법이 또 있다. 마커를 건 코로부터 한 코 남을 때까지 뜬 다음, 남은 한 코와 마커 건 코를 겉뜨기 방향으로 함께 걸러뜨기 한 뒤, 다음 코를 겉뜨기한다. 걸러뜨기 했던 두 코로 겉뜨기한 코를 덮어씌운다. 이렇게 하면 코줄임 선을 따라 근사한 사슬이 생긴다.

사슬 두 코 줄임

네 군데의 진동 지점마다 원하는 방식으로 코줄임을 한다. 그런 뒤 한숨 돌리고 두 단을 겉뜨기로 뜬다. 코줄임을 할 때는 마커 건 코를 중심코 삼아 부디 코줄임이 침범해 들어오지 않도록 단호하게 지켜내기를.

이제 무슨 일이 일어날지 짐작이 가는지? 원통뜨기가 아니고서는 현실적으로 달성하기 힘든 속도(세 단마다 8코씩)로 코가 줄고 있다. 평면뜨기는 두 번째, 네 번째, 여섯 번째 단에서만 형태를 만들거나 무늬를 넣을 수 있지만 원통뜨기에는 그런 규칙이 없다. 이 방법을 사용하면 디자인을 급하게 수정해야 하는 상황에서 짝수 단이든 홀수 단이든 어디서나 형태와 무늬를 넣을 수 있다. 이걸 평면뜨기로 떴다면 세 번째 단마다 2코를 줄일 수 있었을 텐데, 그 방법은 나는 물론이고 여러분까지 지치게 할 것이다.

하지만 그런 속도로 코줄임을 하는 장점도 있다. 바람직한 어깨 각도를 만들어낸다는 점이다. 규칙적으로 코를 줄이다 보면 여러분이 원하는 것보다 더 각진 진동이 만들어질 때가 있는데, 그 절반의 속도로 코줄임을 하면 다소 완만한 선이 나온다. 세 번째 단마다 두 코를 줄이는 위의 방법으로 코줄임을 하면, 유아용 침대 헤드를 연상케 하는 부드러운 곡선을 만들 수 있다. 시도해보기를.

이 세 단을 반복하자. 그러니까 두 단을 겉뜨기로 뜬 뒤 한 단은 코줄임을 하는 것이다. 소매 콧수였던 66코의 절반인 33코가 남을 때까지.

이제 33코에 마커 건 두 코를 더한 35코로 새들을 만들자. 35코를 평면뜨기로 44단 뜨자. 겉뜨기의 마지막 부분에서는 SKP 또는 SSK를 한다. 안뜨기 마지막 부분에서는 P2tog를 한다. 겉뜨기 단과 안뜨기 단에서 각각 1코씩을 줄이는 것이다. 첫 코는 모두 걸러뜨기 하자. (사실 코가 몇 코 더 있다는 사실을 제외하면 새들 숄더의 새들과 같다.) 새들을 44단 뜬 뒤, 반대편에서도 43코를 겉뜨기 또는 안뜨기하며 이것을 반복한다. 이제 뒷목에 있는 21코로 좁아지는 부분의 새들을 만들자. 어깨 양쪽의 새들에서 16코씩 없애가며 32단을 뜬다. 요크 스웨터에서 했던 것과 같은 방식으로 목과 밑단을 마무리한다.

뒷목을 마무리하는 더 재미있는 방법은 셔츠 요크를 만드는 것이다.

첫 번째 새들을 완성한 다음, 33코 중 앞부분의 절반인 16코를 옆목으로 놓고 코막음 한다. 남은 17코로는 평면뜨기를 하는데, 겉뜨기 단 끝에서만 뒷판의 코를 써가며 코를 줄인다. 이것이 셔츠 요크의 뒷목이 된다. 뒤판에 22코가 남을 때까지 뜬다. 이제 왼쪽 어깨의 새들을 만든다. 반대쪽에서 한 것과 마찬가지로 옆목이 될 부분의 16코를 코막음 한 뒤, 남은 17코와 아까 뒷목으로 남겨둔 17코를 이어 마무리한다. 이 방법은 조금 까다롭다. 어느 쪽에서 잇든 반 코가 남기 때문이다. 하지만 실과 바늘로 이 까다로움을 잘 넘긴다면, 충분히 수고할 가치가 있다는 사실을 알게 된다.

이런 식으로 어깨를 뜨는 방법이 뜨개 기록 어딘가에 있을 수도 있겠지만, 나는 아직 본 적이 없다.

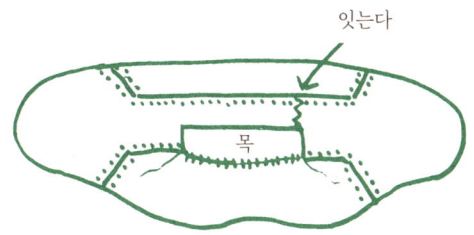

셔츠 요크 스웨터 조감도

요크 스웨터와 같은 방법으로 목과 밑단을 마무리한다(138쪽).

이 심리스 스웨터는 테두리를 뜨기 전에 카디건으로 변형할 수 있다. 스웨터의 정중앙선을 따라 시침질을 하고, 시침선 양옆에 재봉틀로 박음질한 뒤 시침질한 실을 제거한다. 그런 뒤 69쪽에 나온 것처럼 테두리를 만들자.

지금까지 소개한 네 가지 스웨터에는 여러 가지 특징이 있지만 한 가지를 보탠다면, 스웨터를 어떻게 마무리할지 미리 생각하지 않아도 일단 시작할 수 있다는 점이다. 결정이 필요한 시점은 겨드랑이 부분을 마친 다음뿐이다.

5장

그 밖의 뜨개거리

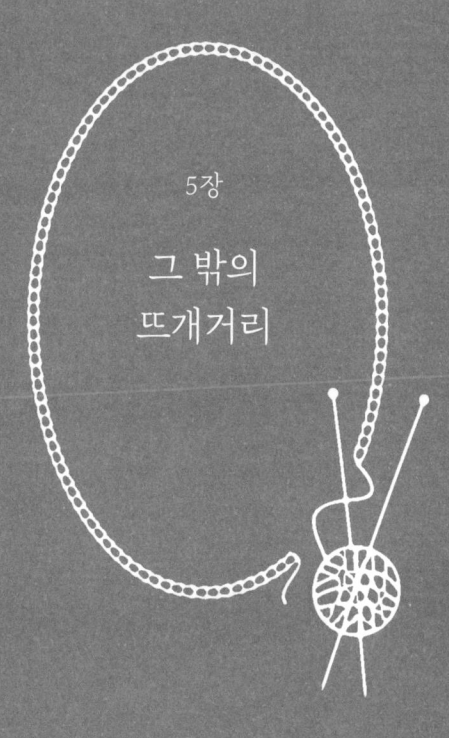

Knitting

❃
캥거루 파우치 스웨터

이 디자인은 셋인슬리브set-in sleeves를 줄바늘로 뜰 수 있게 해달라는 요청에 대한 응답으로 탄생했다.

꿰매기를 하지 않고 셋인슬리브 형태를 만들기 위해서 나는 파우치 기법을 찾아냈다. 다음은 1인치에 5코 게이지로 40인치(102cm) 스웨터를 만드는 방법이다. 더 크거나 작은 스웨터를 원한다면 5코씩 더하거나 줄이자.

워스티드 굵기의 실 5~6타래 또는 1인치에 5코 게이지인 실이 필요하다. 그리고 3.75mm에서 5mm 사이의 바늘 중 이 게이지에 맞는 40cm와 60cm 줄바늘이 필요하다.

60cm 줄바늘로 200코를 잡거나 여러분이 측정한 치수와 게이지에 맞는 코를 잡고 겨드랑이까지 쭉 떠 올라가라.

어깨너비를 잰 뒤 게이지를 곱한다. 70코라고 치자. 앞판이 될 70코와 뒤판이 될 70코를 바늘에 걸어 두고, 나머지 코의 정확히 절반씩을 버림실에 옮기자. 이것이 겨드랑이다. 몸판 200코 스웨터라면 각각 30코가 될 것이다.

버림실의 양옆에 한 코씩 두 코(맞은편 소매에도 똑같이 잡아야 하니 총 네 코)를 새로 만들고, 아무 일 없었다는 듯 단을 떠 올라가자. 진동이 있어야 할 자리에는 여러분을 향해 벌어진 파우치가 있을 것이다. 그것이 바로 진동이거나 적어도 진동의 일부다.

7인치(18cm) 정도 떴을 때 또는 어깨높이까지 떴을 때 앞쪽의 72코를 코막음 하고, 뒤판을 평면뜨기 한다. 노이만 여사의 방법(60쪽)으로 각 단이 시작할 때 계단이 생기지 않도록 주의하면서 6코씩을 없애자. 뒤판의 1/3인 24코가 남을 때까지. 이 코들을 버림실에 옮긴다. 원한다면 앞판을 삼등분했을 때 가운데 부분의 코도 버림실에 옮겨도 된다.

몸판이 완성되면 매혹적인 진동 만들기를 시작하자. 몸통 윗부분부터 파우치까지 정확히 양옆선을 시침질해 내려간다. 버림실 양옆에 새로 잡았던 두 코의 사이가 될 것이다. 재봉틀로 양옆의 시침선을 바느질한다. 시침선을 스틱 한다. 어깨를 꿰맨 다음 앞면을 보면서 양옆에서 번갈아 코를 줍는다. 이렇게 하면 고르고 평평한 솔기를 만들 수 있다.

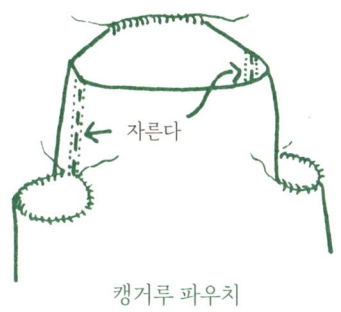

캥거루 파우치

  40cm 줄바늘을 이용해 양쪽 파우치 중 한쪽의 코를 주은 뒤, 세 단마다 2코의 비율로 스틱을 한 진동 주변을 주워 겉뜨기한다. 스틱을 마친 후의 진동이라 상당히 많은 코를 떠야 하지만 이것은 예견된 일이니 받아들이자. 양말 발꿈치 뜰 때와 같은 방식으로 소매 윗부분을 뜨다 보면 문제라고 생각했던 이 작업이 확실한 자산으로 변모할 것이다.

  잘 붙잡고 있자.

  진동 코(약 90~100코)를 모두 주웠으면 1인치가량 겉뜨기로 뜬다. 점잖은 배색 무늬를 넣고 싶다면 이 자리가 제격이다.

  이제, 어깨솔기에서 소매 윗부분을 떠 나가기 시작한다.

 1단. K5, SSK (또는 SKP), K1, turn

 2단. SL1, P11, P2tog, P1, turn

 3단. SL1, K12, SSK, K1, turn

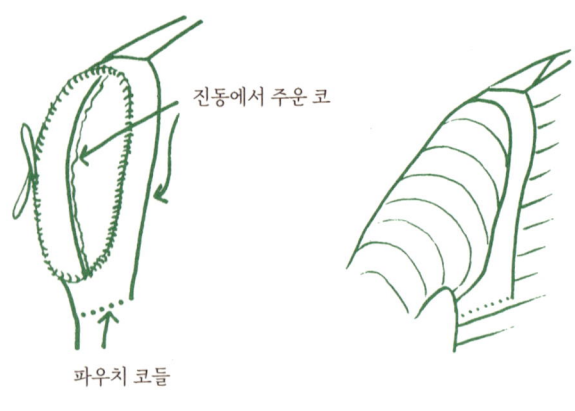

캥거루 파우치 진동 캥거루 파우치 소매

4단. SL1, P13, P2tog, P1, turn

5단. SL1, K14, SSK, K1, turn

6단. SL1, P15, P2tog, P1, turn

이렇게 계속 뜬다. 1단마다 1코씩 소매 윗부분이 넓어지고 있다. 동시에 진동은 1단마다 1코씩 줄고 있다. 잘 따라오고 있는지? 잘할 수 있다. 결과가 나올 때까지 인내심을 갖자.

바늘에 남은 콧수를 잘 세자. 66코가 됐다면(몸판 200코의 33%) 별도의 코줄임이나 늘림 없이 66코를 그대로 떠 나간다. 그러다가 위에서 아래로 내려가며 좁아지는 역래글런 방식으로 소매를 만든다. 그러니까, 팔꿈치까지 쭉 떠 내려가다가(겨드랑이에서 대략 7~8인치(18~20cm) 아래) 소매가 적당한 길이가 될 때까지 5단마다 2코씩 줄인다. 보통 겨드랑이에서 18인치(46cm) 정도다. 겹단 또는 고무단으로 마무리할 수 있고, 10% 코를 줄여서(K8, K2tog) 가터뜨기로 마무리할 수도 있다. 원하는 방식으로 뜨자. 소매를 아래부터 떠 올라갈 때처럼 손목 둘레를 예측한 대로 정확하게 뜰 수는 없다. (이렇게 결과가 불확실할 때는 역시 고무단이 최고다.) 장점이 있으면 단점도 있는 법. 여러분은 이제 셋인슬리브를 뜰 수 있게 되지 않았는가.

두 번째 소매를 작업한 뒤, 목둘레에서 코를 줍고 겹단으로 된 터틀 칼라로 마무리한다.

이런 식으로 스웨터 하나를 만들면 여러분은 분명 목부분에도 캥거루 파우치 기법을 적용하고 싶어질 것이다. 마음껏 적용해 보기를. 원하는 어깨높이보다 2~3인치(5~7.5cm) 낮은 선에서 시작하는데, 앞판 코의 1/3을 버림실에 옮긴 뒤 어깨높이만큼 떠 올라가라. 어깨를 코막음 한 뒤 진동에서 한 것처럼 목선도 스틱을 한다. 이것은 앞목의 형태를 잡는 꽤 유효한 방법이다. 나는 가끔 드롭 숄더 스키 스웨터를 뜰 때 (덜덜 떨며) 조각조각 자르고서 버리는 방법보다 이 방법을 쓴다.

밑단의 콧수를 10% 줄여 겹단이나 가터뜨기로 뜰 수도 있다. 미니 드레스를 원한다면 스웨터를 몇 인치 더 길게 잡고 시작하면 된다. 하지만 이 책을 손에 든 여러분 중에는 그렇게 해야 '실제보다 낫게 보인다'고 믿는 사람이 없기를 바란다. '실제보다 낫다'는 말 자체가 촌스러운 말이다.

❦
모듈러 톰텐 재킷

톰텐은 착한 일을 하는 스웨덴 요정의 이름이다. 아이에게 톰텐 재킷을 입히면 아이가 신기하게도 요정을 닮아갈 것이다.

이 다재다능한 후드 스웨터는 가터뜨기로 이루어졌다. 막대바늘로 평면뜨기 하는데, 안뜨기는 한 코도 없다. 솔기라면 겨드랑이와 소매를 잇는 솔기가 유일하다.

도안의 지시사항을 따른다면, 사이즈는 사용한 실의 두께와 게이지에 따라 달라진다.

1인치에 5코가 들어가는 게이지의 워스티드 굵기의 실 약 3타래 정도를 준비해 6개월 이상 된 아기에게 입힐, 가슴둘레가 22인치(56cm)쯤 되는 재킷을 만들 것이다.

1인치에 4코가 들어가는 조금 더 굵은 실로는 4타래 정도가 필요하고, 가슴둘레가 28인치(71cm)쯤 되므로 2살이나 그 이상 된 아이들에게 맞는 옷을 만들 수 있다.

12사이즈(가슴둘레 94cm) 여성 재킷을 만들려면 1인치에 3코가 들어가는 아주 굵은 실 약 6타래를 쓰면 된다.

작은 아기 옷을 만들고 싶다면 베이비울 4온스(약 113g)를 선택하고 마음에 드는 어떤 게이지든 선택한 뒤 어떤 결과가 나오는지 보자. 아이들은 신체 치수가 제각각인 데다가 하루가 다르게 크는데, 이 재킷을 만들어 두면 태어난 첫해에 유용하게 잘 입힐 것이다.

어떤 이유에서든 주어진 콧수보다 많거나 적기를 바란다면 8의 배수로 더하거나 빼면 된다. 이 재킷을 모듈로 만든 이유가 바로 그렇게 하기 위해서다.

편물이 사방으로 늘어나는 것 같은 신축성 좋은 가터뜨기 스웨터인 만큼, 아이가 큰 뒤에도 한참 동안 입힐 수 있을 것이다.

가터뜨기는 이랑으로 계산하며 각 이랑은 두 단으로 이루어져 있다.

먼저 112코를 잡는다. 앞판과 뒤판을 한 번에 뜬다. 진동높이인 40이랑이 될 때까지 계속 뜨자. 단마다 첫 코는 걸러뜨기 해도 되고, 겉뜨기로 떠도 된다. 여러분에게 익숙한 방식으로 뜨면 된다. 나는 첫 코를 모두 걸러뜨기 한다. 뒤판이 앞판보다 길어야 하고, 그 말은 앞판이 뒤판보다 짧아야 한다는 말이므로 뒤판에 7이랑마다 되돌아뜨기 한다.

되돌아뜨기를 하기 위해서 전체 콧수의 3/4코인 84코를 겉뜨기해 오른쪽 겨드랑이까지 뜬 뒤, 편물을 돌리고 왼쪽 겨드랑이까지 56코를 겉뜨기한 뒤 편물을 돌리는 작업을 계속하자. 이것은 꽤 유용한 기술이며 다른 겉뜨기 스웨터를 뜰 때도 자주 이용할 수 있다. 편물을 돌릴 때 코가 늘어지는 것에 대처하는 법은 이 책 83쪽을 참고하자.

진동 높이까지 왔으면 편물을 아래와 같이 나눈다.

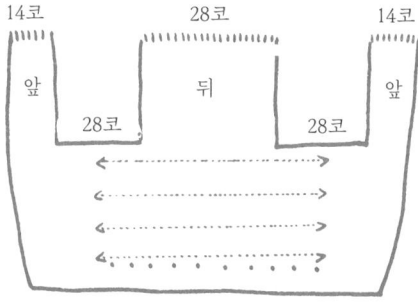

톰텐 재킷 (기본 계획)

오른쪽 앞판에서 14코(전체의 1/8)를 겉뜨기하고(①), 넓은 진동을 만들기 위해 28코(1/4)를 코막음 하자. 뒤판의 28코를 겉뜨기한 뒤(②) 두 번째 진동을 위해 28코를 코막음 한다. 남은 14코를 평면뜨기로 28이랑 만큼 겉뜨기해 기다란 왼쪽 앞판을 만든다. 실을 자르고 코막음은 하지 말

것. ①과 ②를 각각 28이랑 만큼 겉뜨기한다. 뒤판 28코와 좌우 각 14코를 더한 앞판 28코를 모두 더해 총 56코를 한 바늘에 합체한 다음 모자를 만든다. 뒤판 가운데에서 두 단마다 한 번씩 2코 늘리기를 7번(70코) 한다. 28이랑을 뜨거나 또는 원하는 모자의 길이가 될 때까지 뜬다. 단의 가운데까지 뜬 뒤 옆선을 잇는다(66쪽 참고).

이제 거대한 진동과 씨름할 차례다. 스웨터 위에 입어도 착용감이 편안하도록 일부러 크게 만든 진동 말이다. 이 진동은 모양이 예쁜 데다가, 스웨터 코디에 큰 영향을 미친다. 가는 바늘로 이랑마다, 그러니까 두 단마다 한 번씩 이랑 끝에 있는 매듭에서 코를 주은 뒤, 원래 굵기의 바늘로 겉뜨기한다. 독특한 진동을 강조하고 싶다면 다른 색 실로 떠도 된다. 오른쪽부터 이 코들을 몇 단 겉뜨기한다. 앞쪽과 뒤쪽 진동의 28개 이랑에서 정확히 56코를 주워 떠야 한다. 어깨 윗부분에 한 코를 추가한다(57코). 4이랑을 겉뜨기로 뜬 다음, 4번째 이랑마다 중앙의 2코를 줄인다. 여유 코를 준 이유가 이 때문이다. 줄이기 쉽게 하려고. 양쪽에서 각 1코씩 줄이자.

소매 길이가 적당하게 떠졌다면(약 56개의 이랑) 바늘에 28코 정도가 남아 있어야 한다. 느슨하게 코막음을 하고, 원하는 경우 다른 색 실로 테두리를 뜬다. 소매는 아무래도 조금 긴 게 좋다. 왜냐하면 커프를 접어야 하니까.

이 스웨터는 진정한 모듈이다. 나는 숫자 7을 좋아하지만 어떤 숫자를 기본으로 정해도 잘 맞는다.

소매 쪽 겨드랑이 14개 이랑과 몸통 쪽 겨드랑이 14코를 서로 꿰매 소매 솔기를 완성하자(65쪽 참고).

어울리는 색상의 실로 손바느질을 해 오른쪽부터 재킷 지퍼를 단다. 지퍼의 강도는 지퍼 자체의 성능에 달린 것이므로 꼭 기계로 꿰매지 않아도 된다. 끝부분만 잘 고정하자.

이것이 기본 재킷이다. 여기에 몇 가지 보강사항이 있다.

1. 시작할 때 10코를 덜 잡는다(102코). 2~3인치(5~7.5cm) 뜬 뒤, 뒤판을 뜨면서 10코를 고르게 늘린다.

2. 다른 색 실로 앞판과 후드의 테두리를 빙 둘러 이랑마다 한 코씩 주워서 한 단 또는 그 이상을 뜬다. 앞면에서 안뜨기 방향으로 코막음을 한다.

3. 후드가 없는 재킷을 만들고 싶다면, 코막음 하기 전에 또는 테두리를 만들기 전에 뒷목 코를 K1, K2tog 하며 줄인다. 원한다면 앞목에서도 코를 줄여도 된다. 앞판 테두리를 만들면서 목 테두리도 함께 만들자. 코너 부분에서는 45도로 꺾어지는 모서리 모양을 살린다(70쪽 참고).

4. 더 가늘고 부드러운 실로 두 겹 후드를 만들어 후드 주

변을 빙 두르는 테두리를 만들자. 원한다면 무늬를 넣어도 좋다. 후드가 잘 맞닿도록 꿰매자. 끈(188쪽 참고)을 만들고 후드와 테두리 사이에 통과시킨 뒤, 후드의 꼭대기 부분에 끈을 고정해 턱 밑에서 묶을 수 있도록 하자.

5. 아기 옷이라면 소매부리 둘레에도 끈을 넣으면 장갑이 따로 필요 없다.

6. '나중에 생각하는 주머니'(80쪽)의 응용 버전을 만들어 보자. 주머니를 달고 싶은 위치의 한 가운데에서 한 코를 잘라 양쪽으로 원하는 만큼 코를 풀어낸다. 아래쪽 코를 주워 바늘에 건 뒤, 코막음을 하기 전에 웰트(39쪽 참고)를 만든다. 또는 바로 코막음 해도 된다. 윗코를 주워 네모난 덮개를 만든 뒤, 안쪽에서 가볍게 바느질해 꿰매 붙인다.

7. 등에 벨트를 추가할 수 있다. 수평 또는 수직으로 작은 조각을 뜬 뒤 가짜 단추로 고정시킨다. 비슷한 단추를 턱 아래쪽에도 꿰매어 달고, 단춧고리를 덧붙인다.

8. 코트를 만들고 싶다면 진동을 더 깊게 파고, 뒤판을 가로지르는 되돌아뜨기를 몇 번 더해야 한다(163쪽 참고).

내가 코트를 뜨는 이유

여기에 관해서는 별로 할 말이 없다. 코트는 조금 더 크고 아주 긴 스웨터일 뿐이다. 그러니까 스포츠 코트나 캐주얼 코트 말이다.

정장용 코트를 원한다면 정장용 코트 만드는 법을 배워야 한다. 가끔 근사한 코트를 선보이는 뜨개 잡지를 보라고 알려주는 것 말고는 뜨개인으로서 여기에 관해 조언할 말은 별로 없다.

그리고 내가 모자를 뜨는 이유

모자를 써야 하는 이유에는 제한이 없으니까. 사람들은 머리 위에 무언가를 올려놓으려 하는데, 내가 보기에 여기에는 두 가지 이유가 있다. 따뜻하고 싶어서 또는 귀여워지고 싶어서. 좋은 실로 뜬 모자는 두 가지 기능을 모두 충족한다.

비니보다 더 따뜻하고 좋아 보이는 것이 또 있을까? (이 모자는 한때 토크toque라고 불렸는데 아마도 다시 그렇게 불릴 것 같다.)

스코틀랜드 베레모는 햇살이 눈부실 때 활용도 좋게 끌어내려 눈을 가릴 수도 있고, 이슬비가 내리면 귀를 덮을 수도 있다. 뜻밖에 버섯이나 블랙베리를 발견했을 때 바구

니로 쓰기에도 아주 유용하다.

뜨개에서 달팽이 모자는 스타일과 형태의 모범이라 할 수 있다. 겨울에는 귀를 덮을 수도 있어 실용적이기까지 하다.

모자는 빨리 만들 수 있고, 자투리 실들을 모아 배색과 무늬를 뜨기에도 좋다. 아주 훌륭한 알뜰템이고 그래서 뜨개인들은 장갑보다 모자를 더 많이 뜨며, 더 즐겁고 빠르게 완성해 낸다. (내가 생각하는 장갑 뜨기의 치명적인 단점은 하나를 만들고 나면 같은 걸 하나 더 만들어야 한다는 점이다.)

모자 뜨기의 기본 규칙은 1인치에 5코가 들어가는 게이지의 워스티드 실과 40cm 줄바늘로 90~100코를 잡고 시작한다는 것이다. 하지만 이 규칙은 거의 모든 도안에서 깨지기에 딱 좋다.

나는 스코틀랜드 베레모를 90코로 시작했는데, 시작하자마자 120코가 넘으면서 폭발적으로 늘었다. 그런가 하면 까다롭고 아름다운 기법으로 비니를 뜨고 싶어서, 이를테면 프라임 립이나 브리오쉬 같은 기법으로 뜨기 위해 36코만 잡고 시작한 뒤 계속 그대로 뜬 적도 있다.

그러니 몇 가지 기본 지침을 바탕으로 각자의 취향에 맞게 변형해 뜨자. 앞으로 나올 모자는 모두에게 맞는 프리사이즈라는 점을 유념하며.

스코틀랜드 베레모 tam-o'shanter

40cm 줄바늘 그리고 모자 꼭대기 부분을 마무리할 때 쓸 같은 호수의 양말바늘 4개가 필요하다. 워스티드 굵기의 실(1인치에 5코 게이지)이 2~3온스(약 57~85g) 필요하고 자투리 실도 있어야 한다. 바늘 사이즈는 여러분이 뜨는 방법에 따라 달라지는데, 1인치에 5코 게이지에 맞는 3.75mm에서 5mm 사이의 바늘이 될 것이다.

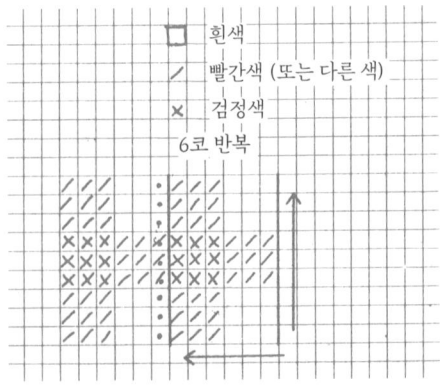

줄바늘에 90코를 잡는다. 단이 꼬이지 않도록 조심하면서 원으로 연결한다. 테두리 또는 겹단을 만들기 위해 10단을 그대로 겉뜨기로 뜬다. 한 단을 안뜨기로 뜬 뒤 10단을 더 겉뜨기로 뜬다. 이제 무늬를 넣을 시점이 됐다. 이를테면 컬링 동호회(여학생 사교 클럽은 말할 것도 없고)에서

인기가 많은 스코틀랜드 스타일의 작은 체크무늬 같은 것들 말이다.

이제 K3, M1으로 급격하게 코를 늘려 120코가 되게 한다. 이것은 평균적인 베레모를 만드는 비율이다. 더 크게 만들고 싶다면 K2, M1을 해 135코로 늘리자. 한계를 정하는 것은 여러분 자신의 욕망뿐이다. 120코로 25단(약 9cm)을 뜨거나 135코에 32단(약 10cm)을 떴으면, 윗부분을 줄이기 시작하자. 우선 전체 콧수가 7의 배수가 되도록 한 두 코를 제거한다. 17코 또는 19코로 이루어진 한 세트가 7개씩 있도록 뜬다. 7코가 줄어들도록 일정한 간격(K15, K2tog 또는 K17, K2tog)으로 코줄임을 하며 한 단을 뜬 뒤, 겉뜨기로 한 단을 더 뜬다. 이 두 단을 번갈아 뜨는데, 마법의 숫자인 49코가 남을 때까지 계속한다. 이제 마지막 7코가 남을 때까지 매단 코줄임을 한다. 나머지 7코는 돗바늘에 꿴 뒤 실을 당겨 마무리한다. 줄바늘로 뜨기 어렵다 싶으면 자연스럽게 양말바늘 4개로 바꾸는 재치를 발휘할 수 있을 것이다.

자, 무엇이 만들어졌는가? 옛날식 가방? 맞다. 그게 바로 베레모다. 정교한 코늘림이나 금방 차례가 다가올 코줄임에 신경 쓸 것 없이 배색과 무늬를 즐기며 기분 좋게 집중할 수 있다. 규칙적인 줄무늬나 불규칙적인 무늬도 좋다.

실을 최대한 느슨하게 유지하는 것을 잊지 말고 작은 배색 무늬를 떠보자. 의외의 색상을 나란히 배치하자. 그리고 흐뭇해하자. (격자무늬의 세로선은 나중에 코바늘로 넣는 것이 가장 좋다.) 후반부에서는 일곱 모서리에서 코줄임을 해 회오리처럼 돌아가는 7각형 모양을 뜨며 멋진 시간을 보낼 수 있다.

이제 여러분의 그 '옛날식 가방'을 물에 적신 뒤, 베레모 안쪽에 커다랗고 둥근 접시를 끼워 윗부분이 평평해지도록 한다. 이마에 닿는 부분은 손으로 잘 두드려 모양을 잡은 뒤 말린다.

이 모자는 다양하게 변형할 수 있다. SSK로 코줄임을 하면 회오리가 시계 방향으로 회전하고, 위에서 설명한 대로 코줄임을 하면 시계 반대 방향으로 회전한다. 직선으로 코를 줄이고 싶다면 위의 두 가지 코줄임을 번갈아 하거나, 하이브리드 스웨터의 어깨를 뜰 때처럼 두 코를 한 번에 줄이자(147쪽). 하지만 4단마다 한 번씩만 줄여야 한다.

두 가지 색 모자
워스티드 굵기의 실(1인치에 5코 게이지) 약 4온스(약 113g)가 필요하고 91코로 시작한다. 원하는 높이까지 겉뜨기한 뒤(대략 15cm) 스코틀랜드 베레모를 뜰 때와 마찬가지로 회오리치는 7각형 모양이 되게 코를 줄인다. 다른 색 실을 꺼내 밑단의 91코에서 코를 주워서 반대 방향으로 똑같이 뜬다. 모자 한쪽을 다른 쪽 안으로 밀어 넣는다. 또는 반대로 뒤집어서 다른 색으로 쓸 수도 있다.

비니Watch Cap

이 모자는 일단 코만 걸면 빠르고 쉽게 완성할 수 있다.

아주 굵은 실이 약 4온스(약 113g) 필요하다. 메리야스뜨기로 작업할 경우 1인치에 2¹/₂코가 들어갈 만큼 굵은 실과 거기에 맞는 막대바늘 한 쌍도 필요하다. 아마도 6.5mm에서 10mm 사이의 바늘일 것이다. 바늘이 굵을수록 모자는 가볍고 푹신해진다.

뜨개 선생님들을 포함해 많은 사람을 우울하게 하는 프라임 립 또는 브리오쉬 기법이 나올 것이므로 주의 깊게 읽기 바란다.

36코를 잡은 뒤 아래에서 설명하는 '1단'을 한 번만 뜨고, 다음 단부터는 '2단'을 반복한다.

1단. *K1. 실을 앞으로 가져온다. 코를 안뜨기 방향으로 걸러뜬다. 실로 오른쪽 바늘을 감싸는 느슨한 대각선 고리를 만든다. *부터 반복. 실을 앞으로 가져와 안뜨기 방향으

S = 느슨한 대각선 고리

프라임 립 또는 브리오쉬 기법

로 한 코 걸러뜨기 해 마무리한다.

2단. K1. *실을 앞으로 가져온다. 코를 안뜨기 방향으로 걸러뜬다. 실로 오른쪽 바늘을 감싸 느슨한 대각선 고리를 만든다. K2tog를 한다(바늘에 겹친 채로 걸려 있는 두 코를 함께 뜬다는 뜻이다). *부터 반복. 실을 앞으로 가져와 한 코를 안뜨기 방향으로 걸러뜨기 해 마무리한다.

여기까지다. 설명이 장황한 점을 이해해주기를. 프라임 립은 메리 여왕의 칼레*처럼 내 가슴에 깊이 새겨져 있다.

이 뜨개 기법은 가끔 피셔맨스 립으로 오해를 받을 때도

• 프랑스의 북부 항구 도시로, 백년전쟁 당시 잉글랜드가 점령했으나 메리 1세가 집권하던 시기에 프랑스가 탈환했다. 메리 여왕은 "내가 죽으면 심장에 칼레라는 글자가 새겨져 있을 것이다"라는 말을 남겼다고 한다.

있다. 피셔맨스 립은 한 단 아래 코에 겉뜨기한다. 스와치 하나를 뜨면서 두 기법을 모두 시도해 보면, 어렵기는 해도 프라임 립을 시도할 가치가 있다는 사실을 알게 될 것이다. 훨씬 풍성하고 재미있는 고무단이 나온다. 굵고 폭신한 실로 느슨하게 뜰 때 가장 예쁘다.

그러니 구할 수 있는 가장 폭신한 실을 준비하자. 굵은 바늘 한 쌍으로 누구에게나 잘 맞는 비니가 되도록 36코를 잡는다. 신축성이 좋아 나중에 꽤 늘어날 것이다. 평면뜨기로 7~11인치(18~28cm)를 뜨거나 (프라임 립은 줄바늘과는 별로 어울리지 않는다) 더 길게 떠도 된다. 저마다 선호하는 모자 높이가 다를 것이다. 일반적인 고무뜨기인 겉뜨기 1, 안뜨기 1로 4단을 떠서 급격하게 줄어들게 하자. 다음 단은 모두 SSK를 하는데 이렇게 하면 안뜨기 코가 없어진다. 안뜨기 한 단, 겉뜨기 한 단, 다시 안뜨기 한 단. 다음 단에서는 모두 K2tog를 한다. 실을 자르고, 남은 9코에 실을 꿰어 잡아당긴 뒤 감쪽같이 잇는다.

이렇게 하면 사랑스럽고 실용적이며 활용도 높은 쓸 것이 생긴다. 한 가지 덧붙이자면, 잘못 뜬 프라임 립이나 피셔맨스 립을 고치는 일은 사실상 불가능하다. 실수한 곳까지 돌아가 풀고 모든 코를 다시 주워야 한다. 그러니 잘 살피며 뜨자.

달팽이 모자 Snail Hat

크리스마스가 좋은 가장 큰 이유는 무엇을 선물할지 계획을 세울 수 있어서가 아닐까. 달팽이 모자는 어떨까. 만들기도 쉽고 비용도 저렴하다. 저녁에 달팽이 모자 하나를 떠보자. 40cm 줄바늘 중 가장 굵은 호수는 6.5mm이니 이 바늘로 느슨하게 뜨자.

메리야스뜨기로 1인치에 $2^1/_2$코가 들어가는 게이지다.

준비물은 쉽스다운 1타래와 6.5mm 굵기의 40cm 줄바늘 하나, 같은 굵기의 양말바늘 한 세트다. (구하기 어렵다면 연필깎이로 막대바늘의 한쪽 끝을 뾰족하게 깎으면 된다.)

줄바늘에 50코를 잡는다. 평면뜨기로 5단을 뜬다. 다음 단(앞면)은 K2, M1(감아코)을 하며 한 단을 코늘림 한다 (총 75코). 원통으로 이은 뒤 단을 계속 떠 나간다. 이제 집중해서 나선형을 뜨기 시작하자.

*P2, P2tog, K11, M1.*부터 반복해서 20단을 뜬다. 무늬가 왼쪽으로 기울 것이다. M1 코를 기억하고, 무늬가 나타날 때까지 주의 깊게 콧수를 센다. 20번 이후부터는 M1을 하지 않는다. 코가 줄면서 모자가 뾰족해지기 시작한다. 35코가 됐으면 양말바늘로 바꿔 뜬다. 20코가 됐으면 남은 코들은 모두 SKP하고, 5코가 남으면 돗바늘에 꿴 뒤 실을 당겨 마무리한다. 평면뜨기 했던 밑단을 꿰매고 나선 형태가

잘 살도록 스팀을 한다. 이 도안은 쉽스다운 실로 디자인했는데 이것만큼 좋은 실이 없다. 실 팔려는 소리처럼 들리겠지만 사실이다.*

더 크게 뜨려면 25단까지 뜬 뒤 코줄임을 한다.

❦
양말에 관한 몇 가지 의견

가장 좋은 양말은 울실로 만든 것이다. 한번은 남편이 반쯤 얼어붙은 연못에 빠진 사냥개를 구한 적이 있는데, 젖어버린 울 양말과 부츠를 갈아 신지 못한 채로 온종일 사냥을 계속했다. 하지만 축축한 울 양말을 신고도 발은 따뜻했다. 두꺼운 울 양말 한 켤레는 신발 속 난방 패드와 비슷하다. 합성섬유가 이런 효과를 낼 수 있을까.

하지만 합성섬유가 매우 질긴 건 사실이다. 발가락과 발뒤꿈치에 굵기가 가는 나일론실을 섞으면 두 재료의 장점을 섞을 수 있다.

---

* 이렇게 말하는 이유는 짐머만이 실 공장과 콜라보하여 주문 제작한 실이 쉽스다운이기 때문이다. 짐머만은 1960년 가을에 직접 발행한 뉴스레터 6호에서 쉽스다운을 설명하며 "도톰한데 가볍고 따뜻하고 풍성해서 카우첸 인디언 스웨터를 뜨기 위한 최적의 실"이라고 썼다.

이 말도 하고 싶다. 양말은 4개의 막대바늘로 만드는 게 최고다. 초보자들은 이 말에 겁을 먹을 수도 있겠지만, 방법에 익숙해지기만 하면 거의 자동으로 떠진다. 각 바늘의 첫 코를 뜰 때는 실을 당기자. 바늘이 바뀌는 부분에서 실이 늘어져 보기 흉해지는 것을 막기 위해서다. 또는 한 바늘이 끝나면 다음 바늘의 두 코를 미리 가져와 뜨는 것도 괜찮다.

K2, P2 고무뜨기는 양말에 제격이다. 신축성이 뛰어나 다리와 발목에 밀착되고 주름이 지지 않는다. 그러니 충분히 코를 잡아서 발목 주변과 발등 부분이 편안하게 늘어나도록 하자. 전체 코가 정확하게 4등분 되었는지 확인하고,

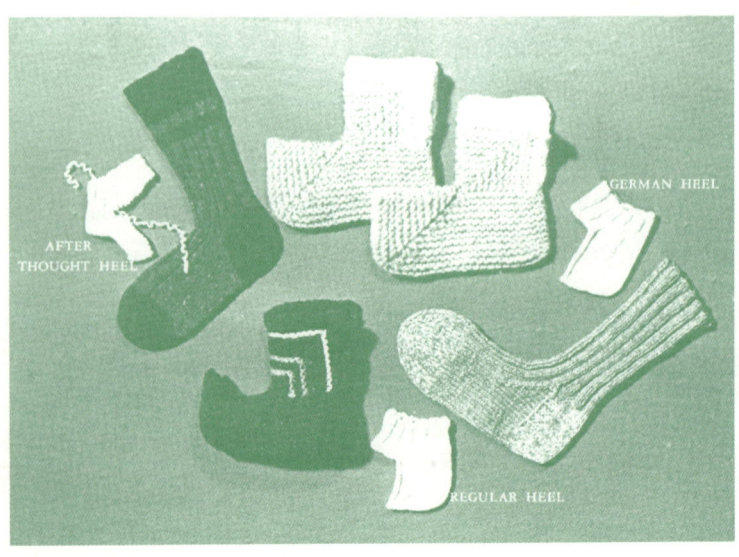

바늘 3개에 나눈 뒤 다리 길이에 맞도록 길게 고무뜨기를 한다. 종아리 형태는 원래 스타킹에만 필요하지만, 원한다면 양말에도 만들 수 있다. 꽤 재미있다.

좋은 양말의 발꿈치는 직각이 되어야 한다. 하이힐에 뜨개 양말을 신을 게 아니라면 직각 양말이 착용감도 좋다. 유행에 민감한 젊은 남자들은 아직 이 사실을 모르는 것 같다. 경험상 전체 콧수의 절반을 힐플랩heel flap에 할애하고 너비를 유지하며 떠 올라가는 것이 가장 좋다. 그러니 질

좋은 나일론실을 연결한 뒤 발등 부분의 코를 보류 상태로 두자. 그리고 발꿈치 쪽 절반의 코를 평면뜨기 방식으로 메리야스뜨기 하며 네모가 될 때까지 뜨자. 나는 힐플랩의 옆선은 가터뜨기인 게 좋다. 그러니까, 겉뜨기 단에서는 모두 겉뜨기하고, 안뜨기 단에서는 처음 네 코와 마지막 네 코를 겉뜨기로 뜬다. 첫 번째 코는 걸러뜨고, 각 단의 마지막 코는 안뜨기한다. 이렇게 하면 가터뜨기 이랑이 만든 예쁘고 유용한 무늬가 생긴다. 이럴 때 뜨개가 정말 즐겁다.

가터뜨기 이랑의 수가 힐플랩에 있는 코의 절반 정도 됐으면 발꿈치를 뒤집는다.

초보자는 이 단계가 두려울 수 있다. 그렇다면 아래의 독일식 방법을 시도해 보자. 아주 간단하다. 이런 식으로 발꿈치를 몇 번 뒤집고 나면 일반 발꿈치 뜨는 법에서 졸업하게 될지도 모른다. 실제로는 일반 발꿈치가 착용감은 더 좋지만.

독일식 발꿈치 German Heel

완성된 힐플랩에 30코가 있다고 하자. 그중 2/3(20코)를 겉뜨기하는데, 20번째 코는 그 왼쪽에 있는 코와 함께 뜬다. 편물을 뒤집고 1/3코(10코)를 안뜨기하는데, 10번째 코를 그 왼쪽에 있는 코와 함께 안뜨기한다. 편물을 뒤집는다. 이 10코를 평면뜨기 하는데, 마지막 코는 항상 왼쪽에 있는 한 코와 함께 뜬다. 바늘 양옆의 코를 모두 쓸 때까지 계속한다. 혼란스럽게 할 생각은 없지만, 이렇게 깔끔한 발꿈치를 한 켤레 만들고 나면, 안뜨기 단 끝에서는 두 코를 같이 안뜨기하고, 겉뜨기 단 끝에서는 SSK 하는 것이 낫다는 사실을 알게 될 것이다. 겉뜨기 단에서 끝낸 뒤 나일론 실을 자른다.

일반 발꿈치 Regular Heel

네모난 힐플랩이 완성됐으면 중간 지점까지 겉뜨기한다.

  SSK(또는 SL1, K1, PSSO), K1, turn

  P2, P2tog, P1, turn

  K4, SSK, K1, turn

  P6, P2tog, P1, turn을 계속.

편물을 뒤집느라 간격이 벌어진 부분에서 항상 코를 줄인다. 나는 첫 코를 걸러뜨기 하는 걸 좋아한다. 양옆의 코를 모두 썼으면, 겉뜨기 단에서 끝낸 뒤 다음 지침을 따른다.

힐플랩 옆선의 이랑을 따라 내려가며 한 코씩을 주워 겉뜨기한 뒤, 그동안 인내심을 갖고 기다려온 앞코(발등코)를 시작한다. 힐플랩의 반대쪽 옆선에 늘어선 코들도 주워 뜬다.

힐턴이 완성됐다. 땋은 무늬처럼 생긴 힐플랩의 V자를 모두 주워 떠도 되고, 혹은 V자 중 뒤쪽 실에만 바늘을 넣어 주워 떠도 된다. 그렇게 하면 예쁘기도 하고 뜨개 잘하는 사람처럼 보이기도 한다.

힐플랩이 발등 코와 연결되는 지점에는 거의 항상 한 코가 늘어진다. 이유는 묻지 말기를. 코의 뒤쪽에 바늘을 넣어 뜨면 없어진다.

발목 형태 만들기

발 아래쪽으로 내려가면서 발목에 남은 콧수가 시작 콧수와 같아질 때까지 줄이자. 오른쪽에서 K2tog, 왼쪽에서 SSK를 함께 사용하면 대칭으로 감소한다는 것을 알 수 있다. 한 단마다 줄일 수도 있고, 두 단 또는 세 단마다 한 코씩 줄일 수도 있다. 나는 속 편한 중간을 좋아한다.

발바닥 부분은 메리야스뜨기여야 한다. 다른 기법이 있겠는가. 그러나 발등 부분에서 엄지발가락이 시작하는 부분까지는 고무뜨기를 이어가게 될 것이다. 엄지발가락이 시작되면 다시 나일론실을 섞어 떠야 한다.

발가락 형태 만들기

바늘 하나에 발등에 해당하는 코, 그러니까 전체 콧수의 절반을 옮기고, 다른 두 바늘에 전체 콧수의 각 1/4씩을 옮긴다. 전체 콧수의 절반을 가진 바늘이 2번, 그 앞 바늘은 1번, 그 뒤 바늘은 3번이라고 하자.

*1번 바늘로 마지막 세 코가 남을 때까지 겉뜨기한다. K2tog, K1. 2번 바늘로 K1, SSK, 마지막에서 세 코가 남을 때까지 겉뜨기한 뒤 다시 K2tog, K1. 3번 바늘로 K1, SSK, 끝까지 겉뜨기(4코 감소). 한 단은 겉뜨기로 뜬다. *부터 반복해 20코가 남을 때까지 뜬다. 그런 뒤 앞면과 뒷면을 잇는다.

준비물이 갖춰지지 않은 곳에서 양말을 뜰 때 나일론실이 없으면 나는 아래 방법으로 발꿈치를 만든다.

나중에 생각하는 발꿈치 Afterthought Heels

발목부터 발가락 시작 부분까지 발꿈치가 없는 양말을 쭉 떠 내려간다. 집에 도착할 때까지 계속 뜬다. 집에 오면 나일론실을 꺼내 발가락 부분을 코막음 한다. 힐플랩의 위쪽 중심이 될 부분의 코를 하나 자른다. 이 코를 중심으로 양말 둘레에 2/3의 구멍이 생길 때까지 푼다. 푼 단의 위아래에 주워지기를 기다리는 코들이 있다. 세 개의 바늘에 울실과 나일론실을 함께 잡고 이 코들을 줍는다. 세 단을 겉뜨기로 뜬 뒤, 발가락 형태 잡기와 같은 방법으로 코를 줄인다. 완성해서 신어보면, 발가락 부분과 뒤꿈치 부분을 뜨는 방법이 같다는 사실을 알게 될 것이다.

어떤 도안에서는 2/3코 대신 절반만 풀어도 된다고 설명하기도 하지만, 이렇게 하면 발꿈치가 작아지기 때문에 나일론실을 섞지 않은 부분이 닳는다.

이 뒤꿈치는 닳을 것 같으면 다시 뜨기에도 편리하다.

스타킹

최근 들어 스키인들에게 스타킹이 사랑받고 있다. 전통적인 흑백 노르웨이 디자인에 작은 무늬가 반복돼 근사해 보인다. 덧붙이자면, 하이커와 등산객들은 한시도 빠짐없이 스타킹을 착용하니 얼마나 현명한가.

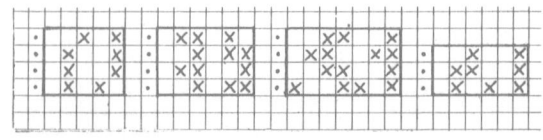

전체 코의 1/3 정도를 더 잡고 시작하는 것 외에는 긴 양말과 다를 것 없다. 무릎과 발목 사이의 길이는 보통 12인치(30cm)가량인데, 세 구간으로 나뉜다. 첫 번째 구간은 그대로 뜨고, 두 번째 구간은 발목 둘레만큼 줄이며, 세 번째 구간은 다시 그대로 뜬다. 발을 뜨는 방법은 앞서 살펴본 양말 뜨기와 같다. 종아리 부분의 코줄임은 꽤 매력적이다. 나는 가끔 종아리 뒷부분 가운데에 작은 케이블 무늬를 만든 다음 4단 또는 5단마다 코줄임을 하는데, 한 짝씩 번갈아 줄이는 방식으로 두 짝을 동시에 줄인다.

✿ 막대바늘로 뜨는 가터뜨기 커프 슬리퍼

매우 굵은 울실 4온스(약 113g, 1인치에 $2^1/_2$코 게이지)와 약 8mm의 굵은 바늘 한 쌍이 필요하다.

51코를 잡고 다음과 같이 각이 진 커프를 만든다.

1단. K11, SL1, K2tog, PSSO, K23, SL1, K2tog, PSSO, K11.

2단을 비롯한 모든 짝수단은 K.

3단. K10, SL1, K2tog, PSSO, K21, SL1, K2tog, PSSO, K10.

5단. K9, SL1, K2tog, PSSO, K19, SL1, K2tog, PSSO, K9.

7단. K8, SL1, K2tog, PSSO, K17, SL1, K2 tog, PSSO, K8.
3코가 남을 때까지 계속 뜬다.

양쪽에서 12코를 주워 겉뜨기한다(27코).
1단. K12, M1, K1, M1, K1, M1, K1, M1, K12.
2단을 비롯한 모든 짝수단은 K.
3단. K13, M1, K1, M1, K3, M1, K1, M1, K13.
5단. K14, M1, K1, M1, K5, M1, K1, M1, K14.
7단. K15, M1, K1, M1, K7, M1, K1, M1, K15.

71코가 될 때까지 계속 뜬다. 다음 단은 단의 시작과 끝에서 K2tog를 각각 네 번 한다. 다음 단의 중간까지 작업한 뒤 옆면을 잇는다(68쪽의 가터 잇기 참고). 발꿈치를 꿰맨다. 이 부츠는 발끝 모양이 귀여워서 신고 있으면 라플란드인이나 에스키모인, 쿠르드인처럼 보인다. 베이비 실과 가는 바늘을 사용해 위의 방식대로 스타킹을 떠 아이에게 신기면 눈에 띄는 아이가 될 것이다. 갓난아기에게 신길 경우 51코까지만 늘리고, 옆선을 잇기 전에 4단을 그대로 뜬다.

장갑

잠깐! 뜨개인 중에는 장갑만 뜨는 사람이 많다. 그들에게는 이 부분을 건너뛰라고 말한다. 이미 최고의 장갑을 만들고 있으니 계속하기를.

이 부분은 장갑을 떠보지 않은 뜨개인을 위한 것이다.

어린이 장갑의 경우, 양옆에 엄지손가락 부분을 튀어나오게 해서 양손에 꼭 맞도록 두 짝을 뜬 다음 한 가지 단계가 더 필요하다. 코바늘로 혹은 실을 꼬아서 끈을 만드는 것이다. 이 끈으로 두 짝의 장갑을 연결한 다음 코트 소매를 통과하도록 하면 유용하다.

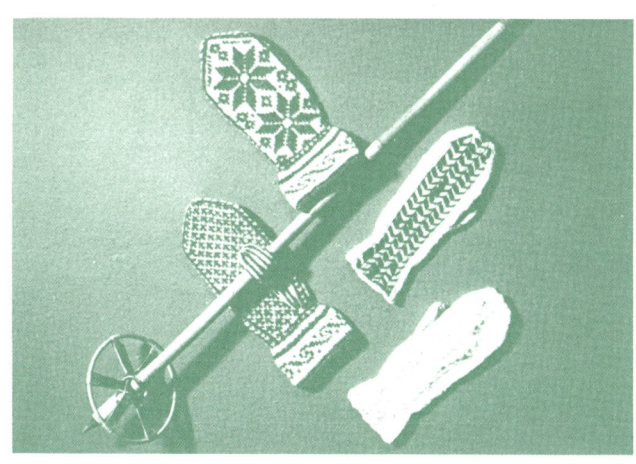

끈을 만들려면 5야드(450cm) 정도의 실을 잡고 서랍 손잡이처럼 튀어나온 곳에 실을 묶은 다음, 미친 듯이 꼬기 시작한다. 전동 거품기나 남편의 드릴을 사용하면 15초 안에 꼬을 수 있다. 하지만 신중하기를. 내가 언급한 것 외에 다른 종류의 도구를 사용하면 실이 금방 엉켜서 이 일을 시작한 것을 후회하게 된다. 실이 충분히 꼬이면 반대 방향으로 단단하고 작은 루프가 생기기 시작할 텐데, 이때 멈춰야 한다.

이 끈의 양쪽 끝을 함께 잡고 매듭을 짓는다. 서랍을 닫아 매듭이 풀리지 않도록 한 뒤, 매듭을 당기자. 꼬임이 더욱 촘촘해질 것이다. 이것을 잘 다듬으면 훌륭한 줄이 만들어진다. 내 생각에 이렇게 만든 줄이 코바늘로 만든 끈보다 더 질기고 좋다.

그리고 '바보들의 즐거움Idiot's Delight'*이라는 것이 있다. 쉽게 떠서 만들 수 있는 끈이다. 양쪽 바늘 한 쌍으로 3코를 잡는다. 겉뜨기를 세 개 한다. 이 세 코를 바늘의 반대쪽 끝으로 옮기고 실을 단단하게 당겨서 다시 겉뜨기 3코. 적당한 길이가 될 때까지 이것을 반복한다. 세 코로 이루어진 튜브를 만드는 것이다.

많은 뜨개인이 장갑에 엄지 손가락 만드는 일을 좋아하고

---

* Idiot Cord, 즉 아이코드(I-Cord)를 말한다.

재미있어 하는데, 딱히 대단한 기법이 필요한 것은 아니다. 그래서 평균적인 여성의 손에 맞는 기본 장갑을 뜨기 위한 아래의 지침에서 엄지손가락 형태 잡는 법은 생략했다.

36코 장갑

워스티드 굵기의 실 4온스(약 113g)와 1인치에 5코 게이지를 내는 양말바늘 세트가 필요하다. 내구성이 좋고 바람을 잘 막아주는 장갑을 뜨기 위해 1인치에 6코 게이지로 뜨고 싶다면 콧수와 단수를 20%(1/5) 늘리면 된다. 하지만 1인치에 5코만 돼도 근사하고 따뜻하고 탄력 있는 장갑을 만들 수 있다.

36코를 잡고 세 개의 바늘에 12코씩 나눈다. 원통으로 연결한 다음 겉뜨기 3, 안뜨기 1로 고무뜨기를 하며 10단을 뜬다. 커프를 길게 만들고 싶다면 더 뜨면 된다. 다음 단은 손목 부분을 꼭 맞게 뜨기 위해 K2, SSK를 한다(27코). 4단을 겉뜨기한 뒤 K3, M1을 하여 다시 36코로 늘린다. 내가 개발한 자수 기법으로 장식을 넣고 싶다면, 손등 부분의 코 늘림 네 번을 안뜨기로 늘린다. 갑작스럽게 늘어난 코들이 엄지손가락 부분을 뒷받침해줄 것이다.

이제 엄지손가락을 뜰 준비가 됐다. 엄지손가락을 뜨기 위해서는 묘수가 필요하다. 엄지손가락을 시작하고 싶은 곳에 8인치(20cm) 길이의 다른 색 실로 엄지를 만들고 싶은 부분에 7코를 뜬다. 첫 번째 안뜨기 코에서 한두 코 정도 떨어진 곳일 수도 있다. 이 7코를 왼쪽 바늘에 옮기고 아무 일도 없었던 것처럼 25단을 더 뜨거나 새끼손가락 부분까지 뜨자.

양말의 발가락 끝부분을 만들 때처럼 형태를 잡고 마무리하자.

이제 그 까다로운 엄지손가락을 뜰 때가 왔다. 8인치(20cm) 길이의 다른 실을 당기면 주워지기를 기다리는 13코가 보일 것이다. 아래에 7코, 위에 6코. 첫 번째 바늘에 아래쪽 7코를 줍자.

두 번째 바늘로 위쪽 6코와 양옆의 코를 하나씩 추가로 더 줍자(총 8코). 실과 세 번째 바늘을 잡고 이 8코 중 5코를 뜬다. 네 번째 바늘로 남은 세 코(세 번째 바늘에 걸린 뒤쪽 코)와 첫 번째 바늘에 걸린 두 코를 더 뜬다. 그러면 엄지손가락에 꼭 맞는, 세 바늘에 일정하게 분배된 15코가 있을 것이다. (코의 뒤쪽에 바늘을 넣어 뜨면 엄지손가락 양쪽에 자주 나타나는 전형적인 눈엣가시를 제거할 수 있다. 또 다른 눈엣가시는 여러분이 시작한 곳에서 실을 마무리할 때 해결될 것이다.) 이 15코를 15단 뜬 뒤 모든 코를 돗바늘에 꿴 다음 조여서 마무리한다.

장갑에 수놓기

원한다면 장갑에 자수를 놓을 수 있는데, 손등 부분에서 코늘림을 할 때 번거로움을 무릅쓰고 안뜨기로 늘리라고 한 이유는 바로 자수를 놓을 때 가이드라인으로 삼기 위해서였다. 뭉툭한 돗바늘에 다른 색 실이나 비슷한 색 실을 꿰어 사선으로 수를 놓는 것이다. 그림을 참고하기를. 같은 색 실을 사용하면 전문가들조차 여러분이 난해하고 잘 알려지지 않은 뜨개 기법을 사용했다고 믿게 만들 수 있다.

스칸디나비안 장갑

이건 그 자체로 예술이다. 엄청나게 코가 많고 쫀쫀하게 떠야 하지만, 이런 방법이 잘 어울리는 무늬들이 있다. 이를테면 꽤 많은 콧수에 실을 걸칠 수밖에 없는 무늬라든지. 걸친 실은 반드시 편물 뒤쪽에서 꼬아져야 하고, 쫀쫀하게 뜨지 않으면 이것이 앞면에 보일 때가 있다. 이런 종류의 장갑은 실용적이어서 바람과 습기를 막는 성능이 펠트에 버금간다. 그 말은 곧 신축성이 별로 없다는 뜻이기도 하다. 그러므로 사용할 사람의 손 크기보다 조금 크게 떠야 한다. 큼직한 무늬는 손등에, 반복되는 작은 무늬는 손바닥에 배치해 여러 무늬를 실험해 보자. 색깔이 다른 실로 세로 줄무늬를 넣어 손등 영역과 손바닥 영역을 구분하고, 무늬를 살려 코늘림을 하며 엄지손가락 부분을 만들자(4단마다 2코씩). V자 세로 줄무늬로 이 부분에 경계를 만들자.

전통적으로는 검정과 흰색을 많이 쓰지만 반드시 그렇게 뜰 필요는 없다.

❀

스카프

스카프는 막대바늘로 평면뜨기를 원하는 만큼 떠서 만든다. 길이는 여러분의 인내심과 체력에 따라 조절하면 된다. 길게 뜨다 보면 세로로 늘어나 폭이 좁아지므로, 과하다 싶을 만큼 넓게 만드는 게 좋다. 그렇게 하면 당연히 끝부분에 주름이 진다. 나는 이게 싫어서 원래 콧수보다 적게 (아마도 10% 또는 15%?) 코를 잡고 시작해 보통 2~3인치 (5~7.5cm) 정도 코늘림 하는 방법을 좋아한다. 이 과정은 마무리할 때도 정확히 반대 방향으로 반복된다.

스카프는 앞면과 뒷면이 분명하지 않은 것이 바람직하다. 나는 이런 종류를 몹시 좋아하는데, 만드는 데에 손이 많이 가지만 그만한 가치가 있다.

40cm 줄바늘에 100~150코를 잡는다. 원통으로 연결한 뒤, 실과 지구력이 바닥날 때까지 계속 뜬다. 그런 다음 50코

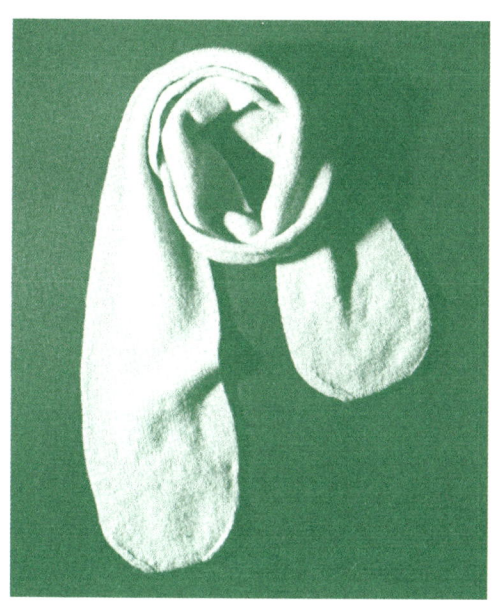

가 남을 때까지 두 단마다 양쪽에서 2코씩 코줄임을 하며 괴물의 뭉툭한 발처럼 생긴 부분을 뜬다. 발 부분을 둥글게 잘 만들려면 시작할 때는 2단마다 한 번 줄이고 다음부터는 매 단 줄이면 된다.

시작 부분은 겹단으로 되어 있어서 모자로도 쓸 수 있고, 길이가 길어 어깨를 감싸기에도 그만이다. 괴물의 발처럼 생긴 부분을 끝이 아니라 시작 부분에서 만들 수도 있다. 코 잡은 부분을 조심스럽게 푼 뒤 (또는 보이지 않는 코잡기를 하자. 53쪽 참고) 코를 줍고 반대 방향으로 내려가며 뜬다. 한쪽 끝을 안으로 접어 넣으면 모자로도 쓸 수 있다. 가끔 줄무늬를 넣거나 노르웨이 스타일의 작은 무늬를 넣어 내 뜨개 실력이 늘고 있다는 것을 확인하는 것도 좋은 방법이다. 믿을 수 없을 때도 있기는 하지만.

이 스카프에는 술을 달지 않았다. 술은 실을 너무 많이 잡아먹을 뿐 아니라 시간이 지나면 질질 끌릴 뿐이다. 주렁주렁 달린 앞머리 같은 술을 잘 다루는 방법을 아는지? 세탁하느라 물에 젖은 술을 한 손에 모아 쥐고, 다리미판이나 부엌 테이블 또는 다른 단단한 물건을 뒤에 댄 채 세게 후려치면 된다. 어떤 종류의 술이든 이렇게 하면 빗으로 일일이 빗어야 하는 수고로움에서 벗어날 수 있다.

스커트

나는 사람(또는 여성, 어쨌든)의 몸에 걸칠 수 있는 모든 것을 뜨개로 구현했다고 생각한다. 스커트만 빼고. 스커트는 잘 만들지 않는다. 일단 스커트를 입을 만한 몸매가 아니어서 별로 관심이 없다. 하지만 스커트 만들기는 정말로 간단하다. 줄바늘을 이용해 일자든 플레어든 원통 형태로 뜨기만 하면 되니까.

가장 좋은 방법은 허리부터 시작하는 것이다. 여러분의 게이지에 넉넉한 허리 치수를 곱해 필요한 콧수를 계산한다. 가장 넓은 신체 치수(보통은 엉덩이)를 재고 게이지를 곱하자. 이 지점은 아마도 허리선에서 7인치(18cm) 아래일 가능성이 높은데, 니트 스커트에서는 허리선에서 4인치(10cm), 더 바람직하게는 $3\frac{1}{2}$인치(9cm) 지점에서 이미 엉덩이 너비 콧수가 달성되도록 코늘림을 해야 한다. 다음부터는 일자로 쭉 떠 나가면 된다. 원한다면 플레어를 만들 수도 있다. 원하는 길이보다 3인치(7.5cm) 짧은 지점에 올 때까지 뜨자. 코늘림은 한 단 아래에 있는 코의 뒤쪽을 떠서 겉으로 드러나지 않도록 하는 게 좋다(64쪽 참고).

이제 스커트가 형태를 잡도록 일주일만 벽에 걸어 두자.

옷걸이에서 내릴 때쯤이면 원하는 길이로 늘어나 있을 것이다. 만약 그렇지 않다면 원하는 길이만큼 단수를 늘리거나 줄이는데, 10% 적은 콧수만큼을 가터뜨기로 1인치(2.5cm) 길이에서 약간 모자라게 뜬다. 또는 10% 적은 콧수로 겹단을 만들거나 코바늘로 테두리를 만들어도 된다.

아랫단을 코막음 하는 스커트는 아래부터 뜨기 시작해 허리선에서 코막음을 한 스커트보다 길이를 줄이기가 훨씬 쉽다(좋은 날이 오면 부디 길이를 늘일 수도 있기를). 뜨던 반대 방향으로 풀기만 하면 되기 때문이다.

두 개의 메리야스 편물 또는 두 개의 가터 편물을 이을 때는 편물의 시작 쪽과 끝 쪽을 구분하지 않아도 부작용 없이 연결할 수 있지만, 무늬가 들어간 편물은 그렇지 않다. 진행 방향으로만, 그러니까 시작 쪽과 시작 쪽, 끝 쪽과 끝 쪽은 연결할 수 없고 반드시 시작 쪽과 끝 쪽을 맞닿게 놓고 연결해야 한다. 그렇지 않으면 반 코가 밀린다.

숄, 아프간* 그리고 블랭킷

이런 것까지 일일이 설명하면 책이 두꺼워지겠지만, 따뜻하고, 편안하고, 실용적이고, 세탁도 엄청나게 쉬운 예술 작품들의 가능성을 무시할 수는 없다. 이것들은 심지어 가보로 물려줄 수도 있다.

몸에 맞아야 하는 것이 아니므로 게이지는 중요하지 않다. 사이즈도 마찬가지다. 그러니 그만 뜨고 싶을 때까지 계속 뜨자. 할 수 있는 한 자주 코잡기와 코막음을 하자. 가터뜨기, 멍석뜨기, 고무뜨기, 바스켓 위브basket weave, 글로브 스티치glove stitch처럼 앞뒤의 모양이 같은 뜨개 기법을 적용하자. 메리야스뜨기처럼 가장자리가 말리는 뜨개법은 피하자. 여러분이 집에 잘 머물지 않는다면, 들고 다니며 뜰 수 있는 크기가 작은 아프간과 블랭킷을 만들어 나중에 함께 이으면 된다.

* 아프간과 블랭킷을 건고한 기준으로 나누기는 어렵지만, 여기서 짐머만은 침대를 덮을 만큼 크기카 큰 대형 프로젝트로서의 편물을 블랭킷, 그보다는 작고 비교적 가벼운 프로젝트로서의 편물을 아프간이라고 부르고 있다.

숄

첫 아이의 출산을 축하하는 선물로 깃털처럼 가볍고 아름다운 숄만 한 것이 없다. 이 숄은 병원에서 집으로 돌아오는 아기를 포근하게 감쌀 것이다. 얼마 지나지 않아 아이의 세례식을 근사하게 장식할 것이고, 조금 더 지나면 찬 바람을 막는 데에 퍽 유용하게 쓰일 것이다. 그 뒤 한동안 비닐봉지 안에 담겨 있을 수 있겠지만, 아이의 졸업 파티나 졸업식, 또는 시작을 축하할 때 다시 유용하게 쓰일 것이다. 여자아이의 경우는 이렇지만 남자아이라면? 라이너스의 담요*가 될지도.

크기는 취향에 따라 달라진다. 30×30인치(76×76cm)부터 최대 치수는 뜨는 사람이 정하기 나름이다. 느슨하게 짜여져 잘 블로킹 된 숄은 크기가 상당히 커진다는 사실을 잊지 말자.

코 잡은 부분이 되도록 눈에 띄지 않도록 나는 가운데에서 시작한 뒤 코늘림을 하며 사각형이나 원통 모양으로 만드는 숄을 좋아한다. 두 단마다 8코씩, 그러니까 네 모서리에 각각 두 코씩 늘리면 모양이 네모반듯하고 평평해진다. 8개 지점에서 4단마다 16코를 늘리면 어떻게 블로킹을 하

---

* 애착을 갖고 늘 가지고 다니는 물건이라는 뜻이다.

느냐에 따라 팔각형 또는 원형도 된다. 이 논리에 따르면 8단마다 32코로 확장할 수도 있고 무한정 늘릴 수도 있지만, 이렇게 많은 콧수를 처음부터 바로 시작하는 것은 바람직하지 못하다. 자칫 중심 부분이 울 수 있기 때문이다.

코막음 한 부분을 눈에 띄지 않게 하는 방법으로는 두 가지가 있다. 하나는 편물 가장자리의 코를 코바늘로 주워 사슬뜨기로 마무리하는 방법이다. 코바늘로 코를 주을 때는 세 코나 네 코 또는 다섯 코마다 한 코씩 건너뛴다.

나는 가터뜨기로 테두리 만들기를 좋아한다. 가터뜨기 밴드를 평면뜨기로 뜨고 나중에 꿰매는 대신, 가터뜨기로 만든 밴드 한쪽 면의 마지막 코를 숄의 마지막 단의 코 하나와 함께 뜬다. 시간이 오래 걸릴 거라 짐작하겠지만, 그렇지 않다. 뜨개 프로젝트가 막바지에 가까워질수록 뜨개가 점점 더 좋아지고 코막음 하는 날이 오지 않았으면 하고 바랄 때가 있다. 테두리가 길면 이런 바람을 이루는 데 도움이 된다.

오래된 뜨개 레이스 무늬를 찾아 숄 테두리에 두르는 건 어떨까? 여러분의 작품이 대대로 물려지면 후손들은 여러분의 수작업에 대해 궁금해할 것이고, 그것을 경건하게 보존하며 세례받는 아이를 소중히 감싸는 데에 쓸 것이다.

아프간

아프간의 크기, 모양, 질감은 취향에 따라 다르지만, 너무 크거나 너무 각이 지거나 너무 무거워서는 안 된다. 내가 가진 것 중에는 44×72인치(112×183cm)가 가장 유용했고, 이것보다 작아도 괜찮았다. 넓은 것보다 긴 것이 낫지만, 얼마나 길어야 하는가는 다시 취향의 문제다. 경험상 너비가 길이의 절반쯤 되는 것이 좋다. 아프간으로 방을 아름답게 장식하고 싶다면 아름다운 색상의 실로 느슨하게 뜨자. 잊지 말자. 아프간은 포근해야 하지만 아름다움도 놓쳐서는 안 된다.

블랭킷

블랭킷은 진정한 가보라 할 수 있고, 물려주기에도 좋다. 두껍게 만들 수도 있고, 침대 크기에 꼭 맞게 만들 수도 있으며, 심지어 크게 만들어 침대 양옆으로 늘어지게 할 수도 있다. 줄무늬나 정사각형 또는 서로 맞물리는 기하학 모양으로 만들어 보자. 면 침대보를 뜰 예정이라면 귀여운 정사각형 여러 개를 생각해 보고, 매우 두껍고 느슨하게 떠서 그들의 가능성을 상상하자. 내가 좋아하는 뜨개인 중 한 명이 이런 종류의 걸작을 완성했다. 바로 장식용 베갯잇인데, 어깨를 따뜻하게 해주는 기능도 있어 침대에서 책 읽는 사람에게 좋다.

여러 조각의 아프간과 블랭킷을 함께 꿰매려면 앞면을 보며 작업하는 게 가장 좋고, 양쪽에서 번갈아 코를 줍는 것이 좋다. 가능하다면 굵기가 가는 울실을 사용하자. 각각 다른 색상의 조각들을 이어야 한다면 동전을 던져서 어떤 색으로 이을지 결정하자. 그 방법밖에 없다.

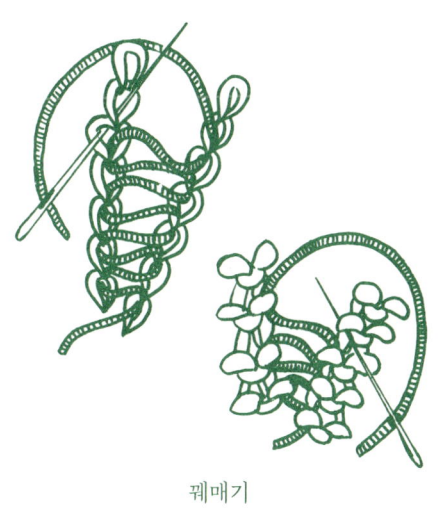

꿰매기

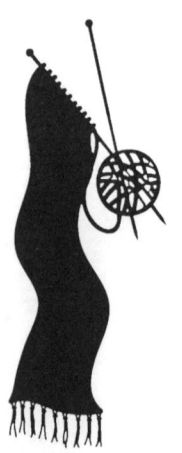

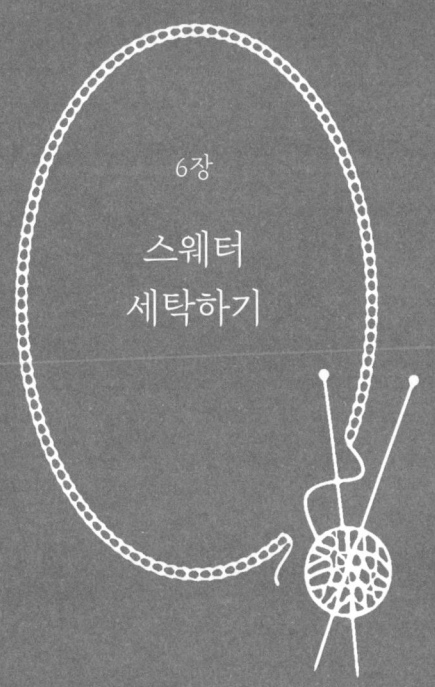

6장

스웨터 세탁하기

Knitting

부디 여러분의 아름다운 스웨터를 드라이클리닝 맡겨서 정체 모를 액체 속에서 첨벙거리게 하는 일은 삼가기를. 만드는 데 시간과 정성이 든 만큼 세탁할 때도 시간과 정성을 들이자.

비눗물과 헹굼 물이 모두 37℃ 즉, 아기 목욕물 온도가 되어야 한다. 여러분이 신뢰하는 어떤 것이든 넣어 녹이자. 비누 조각, 액체세제, 울 전용세제 무엇이든 괜찮다. 단, 노란색 세탁비누는 안 된다. 이걸 꽤 유용하게 쓰는 사람들이 있다는 사실은 안다. 나는 최근에 샴푸를 넣어 봤는데, 제법 효과가 있는 것 같다. 하지만 중요한 것은 비눗물과 헹굼 물의 온도다.

여러분의 스웨터를 비눗물에 1~2분 동안 담가 먼지를 불린다. 부드럽게 몇 번 짠다. 특별히 신경 써서 빨아야 하는 더러운 부분은 안전핀으로 미리 표시해 두면 어디인지 쉽게 찾을 수 있다. 비눗물을 부드럽게 짜되, 절대 비틀면 안 된다. 나는 운 좋게도 수동 세탁기(일명, 생각하는 여성을 위한 세탁기)를 가지고 있어서 그 탈수 기능을 사용하면 된다. 비슷한 온도의 미지근한 물에 헹구고 나서 한 방울의 물도 남지 않게 제거하자.

집에서 멀리 나와 있거나 세탁기를 쓸 수 없을 때, 나는 알려진 것처럼 샐러드 바구니나 망, 베갯잇 같은 것에 스웨터를 넣어 밖으로 나간다. 그걸 미친 사람처럼 머리 위로 빙글빙글 돌리며 원심력을 이용해 수분을 짜낸다. 그런 뒤 타월에 둘둘 말아 그 위에서 콩콩 뛰는 일로 마무리한다. 건조기를 쓸 수 없는 사람이 물기를 제거하기 위해 할 수 있는 모든 행위랄까. 울은 마치 뜨개인을 괴롭히려는 듯 있는 대로 줄어들 때도 있고, 물이 빠질 때도 있다. 사실 요즘 나오는 울실은 굉장히 훌륭해서 물이 잘 빠지지 않는 게 사실이지만, 뜨개인은 가끔 이름 모를 값싼 실에 유혹을 느끼기 마련이니까. 그러면 무슨 일이든 일어날 수 있지 않겠는가.

이제 멋지고 깨끗하고 축축한 스웨터, 그리고 커다란 목욕 타월을 깔아둔 평평한 테이블을 준비하자. 이제 필요한 것은 두 손과 긴 자 그리고 '내가 스웨터 장인이요' 하는 자신감이다. 빈말이 아니다. 축축한 스웨터는 여러분이 마음먹은 대로 자유자재로 모양을 잡을 수 있다. 약간 크거나 작게 만들 수도 있고, 늘어나게 하거나 살짝 오므라들게 하는 일도 가능하다.

우선 살살 흔들어서 울퉁불퉁한 코를 가지런하게 한다. (카디건이라면 단추부터 잠근다.) 길게 늘어선 코를 따라가며 겨드랑이 솔기를 정리한다. 내가 고안한 가짜 솔기(78쪽) 방식으로 솔기를 만들었다면 이 단계가 꽤 쉬울 것이다.

자, 가슴둘레는 몇 인치여야 할까? 자로 재보며 원하는 가슴둘레가 되도록 늘리거나 형태를 잡는다. 여성 스웨터라면 옆선 솔기가 일자로 떨어지도록 손으로 두드리고, 남성 스웨터라면 밑단으로 갈수록 가늘어지게 모양을 잡는다. 고무단은 오므라들도록 모양을 잡아 탄력을 살리고, 손목 부분의 고무단은 한 번 접어 커프를 만든다. 어깨도 입는 사람의 어깨 모양에 맞게 손으로 두드려서 각이 지게 또는 경사지게 만들자. 뒷목은 올라오게, 앞목은 내려가게 모양을 잡자. 뒷목을 세우지 않은 가엾은 스웨터일수록 이 단계가 특히 중요하다.

가장 중요한 것은 뒷목이 앞목보다 적어도 1인치(2.5cm)는 높아야 한다는 점이다. 크루넥이라 해도 그렇다. 옛날 스웨터라면 3인치(7.5cm)는 차이가 날 것이다. 목이 너무 조여서 자꾸 목 부분을 끌어 내리는 사람이나, 목이 너무 추워서 뒷목을 자꾸만 끌어 올리는 사람을 우리는 얼마나 자주 보는가. 그렇게 해서 얻는 것은? 앞은 축 처지고 뒤는 허리 위로 쑥 올라온 스웨터뿐이다. 잊지 말자. 잘 맞는 스웨터의 뒷목은 늘 앞목보다 높아야 하고, 만약 그렇지 못하다면 우리가 할 수 있는 최선은 앞목이 뒷목보다 높아지지 않도록 막는 것이다.

카디건이라면 이쯤에서 단추를 풀고, 자로 테두리를 정돈한다. 그런 뒤 가서 아침 설거지나 뭐 그런 일을 하자. 이제부터는 말리는 데 시간이 좀 걸릴 테니까. 스웨터를 널어둔 방을 지나갈 때마다 매번 스웨터가 다르게 보일 것이고, 점점 완벽한 스웨터에 가깝게 보이도록 몇 번쯤 모양을 다시 잡게 될 것이다. 완전히 마를 때까지 들어 올리면 안 된다.

스웨터 접기

다 말랐으면 스웨터의 가슴 위로 소매를 접고 몸판 아랫부분을 위로 접어 올리자. 이것이 여러분의 스웨터다. 깨끗하고 향긋한 냄새가 나고 비용도 들지 않은 데다 시간 낭비도 거의 없이 완성되어 곱게 접힌 이 스웨터가.

만약 이것이 이번 계절 마지막 스웨터 세탁이라면, 다른 스웨터들과 함께 비닐봉지에 넣어 고무줄이나 끈으로 봉지 입구를 묶자. 후회하는 것보다 안전한 게 훨씬 낫다. 그리고 혹시 무언가가 의심스럽다면, 스웨터를 넣은 비닐봉지에 좀약도 같이 넣자. 편물이 손상되었는지 확인하는 일은 야외에서 하기를 추천한다.

스웨터 스트레쳐 건조기를 써본 적이 있는데 두 번 써보고 버렸다.

종이 패턴은 만들어 본 적이 없고, 세탁할 때마다 사이즈에 맞게 일일이 블로킹을 한다. 종이 패턴을 만들어 봤자 잃어버릴 게 분명하니까.

그리고 누렇게 바랜 스웨터를 하얗게 만드는 데 성공한 적은 한 번도 없다.

줄어든 스웨터를 늘리는 데에도 성공한 적이 없다. 성공한 사람이 있는지 모르겠다. 울 섬유는 한 번 펠팅felting* 되

* 열이나 수분, 압력을 만난 동물성 섬유가 서로 엉켜 조직이 조밀해지는 현상.

면 절대 부드러워지지 않는 구조로 이루어진 모양이다.

부정적인 말로 끝내서 미안하지만, "진실은 진실이다. 진실을 말한 사람이 아무리 바보라 해도. 조금 틀린 말을 했다 해도."

그래도 좀 긍정적으로 끝내 보자.

뜨개는 위안일 수도, 영감일 수도, 모험일 수도 있다. 뜨개는 육체적, 정신적 치료제다. 뜨개는 우리가 좋아하고 사랑하는 사람들은 물론이고 우리 자신도 따뜻하게 해준다. 뜨개는 지구상에 양이 존재해온 시간만큼이나 오랫동안 우리와 함께 해왔다. 울실은, 털에 둘러싸여 무더운 여름을 보낸 양이 자신의 털을 기꺼이 내어준 덕분에 우리에게 왔다.

코막음

참고문헌

Abbey, Barbara 101 WAYS TO IMPROVE YOUR KNITTING. Viking, New York, 1962.

Dillmont, Thérèse de ENCYCLOPEDIA OF NEEDLEWORK. D.M.C. Library, Mulhouse, France, 1880.

DICTIONARY OF KNITTING. Jardin des Modes, Paris, 1966.

GRAMMAIRE DE TRICOT. Jardin des Modes, Paris.

Kiewe, Heinz-Edgar CROSS-STITCH PATTERNS. Sebaldus Verlag, Nuremberg, 1960.

KNIT IT YOURSELF. Cappelens Forlag, Oslo, 1966.

Norbury, James TRADITIONAL KNITTING PATTERNS. Batsford, London, 1957.

Phillips, Mary Walker STEP BY STEP KNITTING. Golden Press, New York, 1967.

Sibbern-Bohn, Annchen NORWEGIAN KNITTING DESIGNS. Grondahl, Oslo, 1965.

STICKAT-MED TRADITION. LTS Förlag, Stockholm, 1965.

Thomas, Mary MARY THOMAS'S KNITTING BOOK. Hodder & Stoughton, London, 1938.

Thomas, Mary MARY THOMAS'S BOOK OF KNITTING PATTERNS. Hodder & Stoughton, London, 1943.

Walker, Barbara G. TREASURY OF KNITTING PATTERNS. Charles Scribner's Sons, New York, 1968.

Walker, Barbara G. SECOND TREASURY OF KNITTING PATTERNS. Charles Scribner's Sons, New York, 1970.

Williams, Susanne SCOTCH WOOL SHOP BOOK. Haverford, Pa., 1943.

눈물 없는 뜨개
누구에게나 맞는 옷을 뜨는 기본적인 기법과 쉬운 지침

펴낸날 | 2022년 5월 1일(1쇄)
2025년 10월 15일(4쇄)
지은이 | 엘리자베스 짐머만
옮긴이 | 서라미
감수자 | 한미란
디자인 | 오필민디자인
펴낸곳 | 윌스타일
펴낸이 | 김화수
출판등록 | 제2019-000052호
전화 | 02-725-9597
팩스 | 02-725-0312
이메일 | willcompanybook@naver.com
ISBN | 979-11-85676-70-8 13590

* 잘못된 책은 구입하신 곳에서 바꿔드립니다.